Zwischen Schicksal und Freiheit

Rudolf Steiner

ZWISCHEN SCHICKSAL UND FREIHEIT

Ein Grundkurs in Karmalehre

Rudolf Steiner Ausgaben

Der Wortlaut der in den *Rudolf Steiner Ausgaben* gedruckten Vorträge Rudolf Steiners geht auf die ursprünglichen Klartextnachschriften und Erstdrucke zurück, unter Berücksichtigung der danach erfolgten Veröffentlichungen.

2. Auflage 2022

Herausgeber: Rudolf Steiner Ausgaben
(Monika Grimm, Bad Liebenzell)
Redaktion: Pietro Archiati, Bad Liebenzell
Korrektorat: Christine u. Manfred Becker, Meerbusch
Druck: GGP Media GmbH, Pößneck

ISBN: 978-3-86772-015-1

Rudolf Steiner Ausgaben e. K.
Burghaldenweg 37 · D-75378 Bad Liebenzell
Telefon: (07052) 935284 · Telefax: (07052) 934809
anfrage@rudolfsteinerausgaben.com
www.rudolfsteinerausgaben.com

Inhalt

2. Vortrag (17.2.1924)

Das dreifache Karma

Körperbefinden, Sympathien, Erlebnisse

S. 37

- Im Mineralreich ist der Mensch am meisten frei von karmischer Notwendigkeit – frei in der Sinneswahrnehmung und im Denken *S. 37*
- In der ätherisch-pflanzlichen Welt erlebt der Mensch den ersten Bestandteil seines Karmas: das körperliche Wohl- oder Missbehagen *S. 42*
- Von der Astral- oder Tierwelt erhält der Mensch den zweiten Bestandteil des Karmas: seine Sympathien und Antipathien *S. 46*
- In der Menschenwelt werden die Taten des einen Lebens in Ereignisse und Erlebnisse des nächsten Lebens umgewandelt *S. 52*
- Der Mensch ist nur im Denken frei, weil er damit in der mineralischen, toten Welt lebt *S. 58*

3. Vortrag (23.2.1924)

Karmische Notwendigkeit

Die Vergangenheit der Freiheit

S. 63

- Das Leben auf der Erde und das Leben nach dem Tod sind erst im Laufe der Zeit zu einem Gegensatz geworden *S. 63*
- Im Denken erlebt sich der Mensch als frei, selbst wenn die Naturwissenschaft behauptet, auch die Gedanken seien vorherbestimmt *S. 69*
- Wer sich in Freiheit ein Haus baut, wird nicht vom fertigen, nicht mehr zu ändernden Haus unfrei gemacht *S. 73*
- Das Notwendige kommt aus freien Taten der Vergangenheit. Der Nichteingeweihte wird von den überbewussten Karmakräften geführt *S. 77*

- Der Eingeweihte erlangt Einsicht in die Ursachen des Karmas und kann mit dem karmisch Notwendigen nur einverstanden sein *S. 81*

4. Vortrag (24.2.1924)

Liebe und Hass

Freude und Unlust, Weltoffenheit und Stumpfheit

S. 85

- Seine Seelenkräfte bildet der Mensch zwischen Tod und neuer Geburt nach den Taten des vorigen Lebens aus *S. 85*
- Was aus *Liebe* getan wird, strahlt nach dem Tod von den geliebten Menschen zurück und bewirkt Freude im nächsten Leben – und diese ein offenes Herz für Mensch und Welt im übernächsten Leben *S. 90*
- Das Handeln aus *Pflicht* erzeugt Gleichgültigkeit im zweiten und Orientierungslosigkeit im dritten Leben *S. 92*
- *Hass* und Antipathie bewirken Unlust im nächsten und Stumpfheit des Geistes im übernächsten Leben *S. 95*
- Will man in der Zukunft viel Freude und Weltoffenheit erleben, braucht man jetzt nur möglichst viel zu lieben. Dies ist auch für die Erziehung sehr wichtig *S. 99*
- Zeitgenosse eines Menschen zu sein, oder es nicht sein zu können, ist ein wichtiger Bestandteil des Karmas *S. 103*

5. Vortrag (1.3.1924)

Gesundheit und Krankheit

Wie das Innere zum Äußeren wird

S. 109

- Das Schicksal besteht aus vielen Faktoren – innerlichen und äußerlichen. Im Inneren ist die Veranlagung zu Gesundheit oder Krankheit maßgebend *S. 109*
- Der Mensch braucht ein von den Eltern vererbtes «Modell» des Körpers, er ist wegen des «Sündenfalls» zu schwach, um ihn ohne Modell aufzubauen *S. 111*

Vorwort

In diesen Vorträgen schildert Rudolf Steiner, welche Kräfte dem menschlichen Schicksal, dem Karma, zugrunde liegen. Im Leben des Menschen wirkt das Karma mit derselben Treffsicherheit, mit derselben Notwendigkeit, mit der Naturkräfte wirken. Die Kräfte des Karmas sind wie individuell gewordene Naturkräfte, wie eine «zweite Natur», die in jedem Menschen andersgeartet ist.

Der naturwissenschaftlich geschulte Mensch weiß viel über die «erste Natur» des Menschen, über die Natur, die allen gemeinsam ist, und wenig über die zweite Natur, über die Gesetzmäßigkeit des individuellen Karmawirkens. Er weiß nicht, dass genauso wie in der Natur so auch im Leben des Menschen Kräfte am Werk sind, die von einer «Wissenschaft des Karmas» in ihrer Objektivität erfasst werden können.

Der erste Vortrag gibt gleich einen Eindruck von der Komplexität der Verkettung von Ursache und Wirkung in den Ereignissen des menschlichen Lebens. Es werden *vier Arten* von Verursachung unterschieden:

- Im mineralischen, leblosen Bereich sind Ursache und Wirkung «gleichzeitig» in der Zeit und «aneinander angrenzend» im Raum.
- Im pflanzlichen Bereich, in allen Phänomenen des Lebens, treten die Ursachen zwar gleichzeitig mit ihren Wirkungen auf, befinden sich aber nicht in der sinnlich wahrnehmbaren Welt, sondern in der nächsten

übersinnlichen Welt, die geisteswissenschaftlich die «ätherische Welt» genannt wird.

- Im Tierreich, in den Phänomenen von Empfindung und Eigenbewegung, wirken die Ursachen von einer übersinnlichen, «astralischen Welt», und ihre Wirkungen treten nicht gleichzeitig, sondern später in der Zeit auf (auf diese Tatsache bezieht sich auch der herkömmliche Begriff «Vererbung»).
- Im Bereich des Menschen, des verkörperten individuellen Geistes, liegen sowohl die besonderen Ursachen wie auch ihre Wirkungen in der sinnlich wahrnehmbaren Welt. Nur besteht zwischen Ursache und Wirkung wie beim Tier ein zeitlicher Abstand. Für die Ereignisse, die nicht in diesem Leben ihre Ursache oder Erklärung finden, sind die Ursache in einem vorigen Erdleben.

So greift Rudolf Steiner die klassischen vier Ursachen von Aristoteles auf und vertieft sie geisteswissenschaftlich. Die *Materie-Ursache* ist maßgebend für das Mineralreich; die *Form-Ursache* gilt für alle Phänomene des Lebens (des «Ätherischen»); die *Ziel-Ursache* wirkt im Bereich des Seelischen (des «Astralischen»); die *Wirk-Ursache,* nach Aristoteles die Ursache im eigentlichen Sinne des Wortes, ist überall dort am Werk, wo Geister oder Ich-Wesen kraft ihres Denkens (Formursache) und ihres Willens (Zielursache) als Schöpfer (Wirkursache) in der Welt der Materie (Materienursache) wirken. Alle vier Arten von Ursachen sind immer und überall, in allen Phänomen der Welt, in jedem Ereignis des Menschenlebens gleichzeitig am Werk.

Im zweiten Vortrag werden im Schicksal des Menschen drei Bestandteile voneinander unterschieden: Zum einen gibt es das *körperliche Wohl- oder Missbehagen,* für die Seele gilt die Welt der *Sympathien und Antipathien* und für den Geist gelten *Ereignisse und Erlebnisse.* Aus der Vergangenheit kommt dem Menschen das Schicksal wie eine dreifache Prägung entgegen: des Körpers, der Seele und des Geistes. Wie kann da der Mensch noch frei sein?

Der dritte Vortrag geht der Frage nach, wie Notwendigkeit und Freiheit im Schicksal zusammenspielen. Es wird ausgeführt: Das Karma eines Menschen enthält die Folgen aller freien Entscheidungen, die er selbst in der Vergangenheit getroffen hat. Sein Schicksal ist die Schöpfung seiner eigenen Freiheit. Es dient ihm als die allerbeste Grundlage, als notwendige Bedingung, für die weitere Ausübung der Freiheit in die Zukunft hinein.

In einer Kultur wie der westlichen, die das Bewusstsein der wiederholten Erdleben aus dem Auge verloren hat, kann es erfrischend wirken, einen Blick in die Grundgesetze zu werfen, nach welchen verschiedene Leben aufeinander wirken. Im vierten Vortrag schildert Rudolf Steiner: Was in einem Leben aus *Liebe* getan wird, wird nach dem Tod von den Geliebten zurückgespiegelt und es erzeugt für das nächste Leben das Grunderlebnis der *Freude.* Aus dieser Freude entsteht wiederum in dem darauffolgenden Leben ein *offener Sinn* für Mensch und Welt. In einer ähnlichen Verkettung stehen zueinander der *Hass,* jede Form von Antipathie oder Abneigung, zu einem Grundgefühl der *Unlust* und im dritten Leben eine *Stumpfheit* des Geistes.

In der Mitte zwischen Liebe und Hass liegt der Impuls der *Pflicht:* Was aus starrem Pflichtgefühl getan wird, erzeugt im folgenden Leben *Gleichgültigkeit* und im dritten *Orientierungslosigkeit.*

Der letzte Vortrag wendet den Blick auf das Wirken der Engelhierarchien im Schicksal des Menschen – von den Engeln und Erzengeln bis hin zu den Cherubim und Seraphim. Man kann fragen, woher Rudolf Steiner das alles hat, aber die Antwort auf diese Frage wird uns nicht viel weiterbringen. Anders ist es, wenn man sich fragt, was der eigene Verstand und das eigene Herz dazu zu sagen haben. Vielleicht findet der Verstand nur nichts *dagegen.* Wenn aber das Herz einiges *dafür* findet, dann wird es immer mehr davon haben wollen.

Pietro Archiati

Erster Vortrag

Ursache und Wirkung

Die vier Arten ihres Zusammenhangs

Dornach, 16. Februar 1924

Meine lieben Freunde!

Ich möchte heute damit beginnen, über die Bedingungen und die Gesetze des menschlichen Schicksals zu sprechen, das man gewohnt ist, «das Karma» zu nennen.

Dieses Karma ist nur zu verstehen, zu durchschauen, wenn man sich darauf einlässt, die verschiedenen Arten der Weltgesetzlichkeit kennenzulernen. So möchte ich heute in einer etwas abstrakteren Form über die verschiedenen Arten der Weltgesetzlichkeit sprechen, um dann die besondere Form herauszukristallisieren, die als menschliches Schicksal, als Karma, angesprochen werden kann. Wir sprechen, sowohl wenn wir die Erscheinungen in der Welt, als auch wenn wir die Erscheinungen im Menschenleben ins Auge fassen wollen, von Ursache und Wirkung. Heute ist man besonders in der Wissenschaft gewohnt, von Ursachen und Wirkungen zu sprechen. Aber gerade dadurch kommt man der Wirklichkeit gegenüber in die größten Schwierigkeiten. Denn die verschiedenen Arten, in denen Ursachen und Wirkungen in der Welt auftreten, werden dabei nicht berücksichtigt.

Zunächst können wir die sogenannte leblose Natur anschauen, die uns am deutlichsten im mineralischen Reich entgegentritt, in all dem, was im Gestein in wunderbaren Gestalten uns entgegentritt, aber auch in all dem, was zu Pulver zerrieben und wieder zusammengebacken im formlosen Gestein uns entgegentritt. Wir schauen uns zuerst an, meine lieben Freunde, was in dieser Art als Lebloses in der Welt auftritt.

Wenn wir das Leblose, ausnahmslos das Leblose betrachten, finden wir überall, dass wir innerhalb dieses Leblosen selbst alle Ursachen finden können, von denen im Reich des Leblosen geredet werden kann. Wo im Leblosen eine Wirkung ist, können wir im selben Reich des Leblosen auch die Ursachen finden. Nur wenn wir das tun, verfahren wir erkenntnismäßig richtig: wenn wir für die Vorgänge des Leblosen auch die Ursachen innerhalb des leblosen Reichs suchen. Wenn wir einen noch so schön geformten Kristall vor uns haben, so sollen wir die Ursachen dieses Kristalls im leblosen Reich selbst suchen.

Damit erweist sich dieses leblose Reich als etwas in sich Abgeschlossenes. Wir können nicht sagen, wo sich die Grenzen dieses Leblosen finden; die können unter Umständen sehr entfernt in den Weltweiten sein. Aber wir werden, wenn wir vermuten, dass für irgendetwas Lebloses, das vor uns steht, wenn es sich um eine Wirkung handelt, die Ursachen gesucht werden sollen, wir werden diese Ursachen auch wieder im Reich des Leblosen selbst finden. Damit aber stellen wir das Leblose schon neben etwas anderes hin. Damit eröffnet sich uns sogleich eine gewisse Perspektive.

Betrachten wir den Menschen selbst, betrachten wir ihn, wenn er durch die Pforte des Todes geht. All das, was in ihm gelebt und gewirkt hat, bevor er durch die Pforte des Todes gegangen ist, das ist aus der sichtbaren Gestalt, die übrig bleibt, wenn des Menschen Seele durch die Pforte des Todes geschritten ist, das ist aus dieser übrig gebliebenen Gestalt weg. Und wir sagen auch gegenüber dieser Gestalt: Sie ist leblos. Geradeso wie wir als von einem Leblosen sprechen, wenn wir auf das Gestein des Gebirges mit seinen Kristallgestalten hinschauen, so müssen wir von einem Leblosen sprechen, wenn wir auf den entseelten, entgeistigten Leichnam des Menschen hinschauen. Für den Leichnam des Menschen tritt erst jetzt dasselbe ein, was für die übrige leblose Natur von vornherein da ist.

Für das, was an der menschlichen Gestalt als Wirkung während des Lebens geschieht, bevor die Seele durch das Tor des Todes gegangen ist, für das können wir nicht die Ursache im Leblosen selbst finden. Nicht nur, wenn sich ein Arm hebt, suchen wir vergeblich in den leblosen physikalischen Gesetzen der menschlichen Gestalt nach den Ursachen des Armhebens – wir suchen vergeblich auch in den chemischen und physischen Kräften, die in der menschlichen Gestalt vorhanden sind, nach den Ursachen des Herzschlags, der Blutzirkulation oder irgendeines Vorgangs, der nicht dem Willen unterliegt.

In dem Augenblick aber, wo die menschliche Gestalt «Leichnam» geworden ist, wo die Seele durch die Pforte des Todes geschritten ist, beobachten wir eine Wirkung auch an dem menschlichen Organismus. Wir sehen, dass die Hautfarbe sich verändert, dass die Glieder welk werden. Es tritt all das ein, was wir gewohnt sind, am Leichnam zu sehen. Und wo suchen wir die Ursachen? Im Leichnam selbst: in den chemisch-physischen, in den leblosen Kräften des Leichnams selbst.

Wenn wir das, was wir da andeuten – wir brauchen es nur anzudeuten –, wenn wir das nach allen Seiten zu Ende denken, werden wir uns sagen: Der Mensch ist in Bezug auf seinen Leichnam, nachdem seine Seele durch die Pforte des Todes geschritten ist, der leblosen Natur gleich geworden. Das heißt, wir müssen die Ursachen in demselben Gebiet suchen, wo die Wirkungen liegen. Das ist sehr wichtig. Aber gerade wenn wir auf diese besondere Artung des menschlichen Leichnams hinschauen, finden wir etwas anderes, was außerordentlich bedeutsam ist.

Der Mensch wirft mit dem Tod seinen Leichnam ab. Und wenn wir mit einer Beobachtungsgabe, die dazu fähig ist, das betrachten, was der eigentliche Mensch, das geistig-seelische Menschenwesen, geworden ist, nachdem es durch die Pforte des Todes geschritten ist, dann müssen wir sagen: Die Sache ist so, dass der Leichnam abgeworfen ist und dass für das geistig-seelische Menschenwesen, das jenseits des Tores des Todes angekommen ist, dieser Leichnam keine Bedeutung mehr hat. Es ist etwas Abgeworfenes.

Anders ist es mit der äußeren leblosen Natur. Schon wenn wir sie oberflächlich betrachten, tritt uns entgegen, dass es anders ist. Betrachten wir einen menschlichen Leichnam. Wir können ihn am besten da betrachten, wo er luftbeerdigt wird. Wir finden in unterirdischen Gewölben, die gewisse Gemeinschaften früher als Begräbnisstätten gehabt haben, die Leichname von Menschen aufgehängt. Sie vertrocknen, und sie kommen in diesem Vertrocknen so weit, dass sie vollständig mürbe werden, dass wir dann nur etwas anzutippen brauchen und sie fallen in Staub auseinander.

Das ist anders, was wir da als Lebloses erhalten, als dasjenige, was wir draußen in unserer Umgebung als leblose Natur finden. Die leblose Natur gestaltet sich, sie bildet Kristallgestalten. Sie ist überhaupt in einer merkwürdigen Veränderung begriffen. Wenn wir von dem eigentlichen Erdigen absehen und auf Wasser und Luft sehen, die auch leblos sind, so finden wir, dass eine regsame Metamorphose, eine Verwandlung, in diesem Leblosen vorhanden ist.

Wir wollen uns das einmal vor die Seele stellen, wir wollen die Gleichheit des menschlichen Leibes, wenn ihn die Seele abgelegt hat, in seiner Leblosigkeit mit der außermenschlichen leblosen Natur vor unsere Seele gestellt sein lassen.

Wir gehen jetzt weiter und betrachten das Pflanzenreich. Da kommen wir in die Sphäre des Lebendigen. Wenn wir eine Pflanze studieren, werden wir niemals finden, dass wir imstande sind, die Wirkungen, die in der Pflanze auftreten, bloß aus den Ursachen heraus zu erklären, die im Pflanzenreich selbst liegen, in demselben Reich, wo die Wirkungen auftreten.

Es gibt heute eine Wissenschaft, die das versucht, aber diese Wissenschaft ist auf dem Holzweg, denn sie kommt zuletzt dazu, zu sagen: Man untersucht die physischen Kräfte, die in der Pflanze wirken, man untersucht die chemisch wirksamen Kräfte – und es bleibt etwas übrig. Da scheiden sich dann die Leute in zwei Parteien. Die einen sagen: Was da übrig bleibt, das ist überhaupt nur eine Zusammensetzung, eine Art Form, eine Art Gestalt; das Wirksame sind nur die physischen und chemischen Kräfte! Die anderen sagen: Nein, es ist noch etwas anderes darin, das hat die Wissenschaft nur noch nicht erforscht; sie wird schon darauf kommen!

Sie werden das noch lange sagen, denn so ist die Sache nicht. Wenn man das Pflanzliche untersuchen will, so kann man es nicht verstehen, wenn man nicht das ganze Weltall zu Hilfe nimmt, wenn man nicht auf die Pflanze so hinsieht, dass man sich sagt: Die Kräfte der Pflanzenwirksamkeit liegen im weiten Weltall (s. Tafel S. 161: innerer Kreis, Erde mit Pflanze). All das, was in der Pflanze geschieht, ist eine Wirkung des weiten Weltalls. Es muss erst die Son-

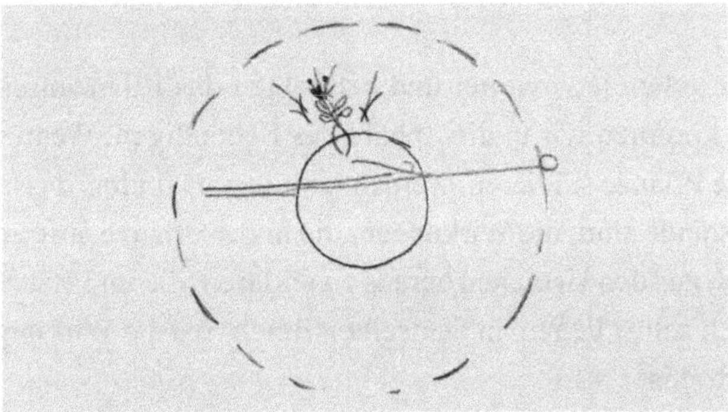

ne im weiten Weltall zu einer bestimmten Position kommen (rechts außen, kleiner Kreis), damit irgendwelche Wirkungen im Pflanzenreich auftreten. Es müssen immer andere Kräfte aus dem weiten Weltall wirken, damit die Pflanze ihre Form, damit die Pflanze ihre inneren Treibkräfte und so weiter bekommt.

Wenn wir in die Lage kämen, meine lieben Freunde, nicht bloß wie Jules Verne es gemacht hat, sondern wirklich zu wandern bis zum Mond, bis zur Sonne und so weiter, so würden wir in Bezug auf dieses Ursachensuchen nicht viel gescheiter werden, als wir auf der Erde selbst sind, wenn wir uns zu den Erkenntniskräften, die wir schon haben, keine anderen aneignen. Wir würden nirgends zurechtkommen, wenn wir sagen: Im Pflanzenreich der Erde selbst sind nicht die Ursachen für die Wirkungen, die im Pflanzenreich auftreten, also wandern wir zur Sonne, da werden wir die Ursachen finden!

Da finden wir sie auch nicht. Dagegen finden wir sie, wenn wir uns zur «imaginativen Erkenntnis» (s. Fachausdrücke S. 158) aufschwingen, wenn wir eine ganz andere Erkenntnis haben. Dann brauchen wir aber nicht zur Sonne zu wandern, wir bleiben im Erdbereich. Nur finden wir, dass wir nötig haben, von der physischen Welt zu einer «Ätherwelt» überzugehen, dass überall in den Weiten der Welt der Weltäther mit seinen Kräften wirkt und dass er aus den Weiten hereinwirkt. Überall aus den Weiten herein wirkt der Äther. Wir müssen zu einem zweiten Reich der Welt übergehen, wenn wir für das Pflanzenreich zu den Wirkungen die Ursachen finden wollen.

Der Mensch nimmt auch an dem teil, an dem die Pflanze teilnimmt. Die Kräfte, die aus der Ätherwelt in die Pflanzen hereinwirken, wirken auch im Menschen. Auch der Mensch trägt in sich die ätherischen Kräfte, und wir nennen die Summe dieser ätherischen Kräfte, die der Mensch in sich trägt, den «Ätherleib».

Wir haben oft ausgeführt, dass dieser Ätherleib für wenige Tage nach dem Tod immer größer wird und sich zuletzt verliert, sodass dann nur der Mensch in seinem astralischen Leib und in seiner Ich-Wesenheit übrig bleibt. Was der Mensch ätherisch in sich getragen hat, wird immer größer und es verliert sich dann in den Weltweiten. Vergleichen wir das, was wir vom Menschen sehen, wenn er durch die Pforte des Todes geschritten ist, mit dem, was wir im Pflanzenreich sehen:

- Vom Pflanzenreich müssen wir sagen: Seine Ursachenkräfte *kommen* aus den Raumesweiten auf die Erde *herein;*
- vom menschlichen Ätherleib müssen wir sagen: Die Kräfte dieses Ätherleibes *gehen* in die Raumesweiten *hinaus.*

Wenn der Mensch durch die Pforte des Todes geschritten ist, gehen sie dorthin, woher die Kräfte des Pflanzenwachstums kommen. Hier wird die Sache schon deutlicher. Wenn wir bloß den physischen Leichnam anschauen und sagen, er wird ein Lebloses, dann wird es uns schwer, zu der übrigen leblosen Natur herunterzukommen. Aber wenn wir das Lebendige anschauen, das Pflanzenreich, und gewahr werden, dass aus dem Äther der Weltweiten die Ursachen, die Kräfte für das Pflanzenreich kommen, dann sehen wir, indem wir uns imaginativ in das Menschenwesen vertiefen, dass dorthin, woher die Ätherkräfte für das Pflanzenreich kommen, der menschliche Ätherleib hingeht, wenn der Mensch durch die Pforte des Todes geschritten ist.

Aber noch etwas ist charakteristisch: Mit dem, was auf die Pflanzen als Ursachenkräfte wirkt, geht es verhältnismäßig schnell, denn auf die Pflanze, die aus dem Boden herauswächst, die Blüte bekommt, die Frucht bekommt, hat die Sonne von vorgestern nicht viel Einfluss. Da kann sie mit ihren Ursachen nicht viel wirken. Sie muss heute scheinen, sie muss wieder heute scheinen. Das ist wichtig, und wir werden in unseren folgenden Betrachtungen sehen, dass es wichtig ist, dass wir uns das merken: Die Pflanzen haben innerhalb des Irdischen in den Ätherkräften die Ursachen ihres Wachstums, aber sie haben sie in dem, was im Weltall gleichzeitig mit der Erde ist.

Wenn der menschliche Ätherleib sich auflöst, nachdem der Mensch als geistig-seelisches Wesen durch die Pforte des Todes geschritten ist, so dauert das auch nur eine sehr kurze Zeit, tagelang nur. Es ist wieder eine Gleichzeitigkeit da, denn die Tage, die es dauert, sind für die Zeit des Weltgeschehens eine Kleinigkeit. Wenn der Ätherleib zu dem zurückkehrt, von dem die Wachstumskräfte der Pflanze als Ätherkräfte herkommen, haben wir es wieder damit zu tun, dass wir sagen können: Sobald der Mensch im Äther lebt, ist seine Ätherwirksamkeit nicht auf die Erde beschränkt, sie geht von der Erde fort, aber sie entwickelt sich mit Gleichzeitigkeit.

Wir wollen dafür ein Schema aufschreiben. Wir können sagen: Mineralreich – Gleichzeitigkeit von Ursachen und Wirkungen im Physischen. Wir haben mit Gleichzeitigkeit der Ursachen und der Wirkungen im Physischen zu tun. Sie werden sagen: Für manches, was im Physischen geschieht, sind die Ursachen früher in der Zeit gelegen! Das ist aber nicht der Fall. Wenn im Physischen Wirkungen entstehen sollen, müssen die Ursachen andauern, müssen fortwirken. Wenn die Ursachen aufhören, treten keine Wirkungen mehr ein. Also können wir hinschreiben (s. Tafel S. 162):

Mineralreich: Gleichzeitigkeit von Ursachen und Wirkungen im Physischen.

Kommen wir aber zum Pflanzenreich, so stehen wir damit auch in dem, was im Menschen selbst als Pflanzliches zu verfolgen ist. Da haben wir es mit Gleichzeitigkeit von Wirkungen im Physischen und von Ursachen im Überphysischen zu tun:

Pflanzenreich: Gleichzeitigkeit von Ursachen im Überphysischen und Wirkungen im Physischen.

Jetzt treten wir an das Tierreich heran. Beim Tierreich werden wir ganz vergeblich die Ursachen für das, was als Wirkungen im Tier auftritt, so lange es lebt, im Tier selbst suchen. Wenn das Tier auch nur kriecht, um seine Nahrung zu suchen, werden wir in den physischen und chemischen Vorgängen, die sich innerhalb des tierischen Leibes finden, ganz vergeblich nach den Ursachen suchen. Wir werden vergeblich suchen auch in den Weiten des Ätherraumes, wo wir die Ursachen für das Pflanzliche finden. Wir werden auch da vergeblich nach den Ursachen der tierischen Bewegung und der tierischen Empfindung suchen.

Für das, was im Tier mit Bezug auf das vorgeht, was pflanzlich ist, finden wir die Ursachen innerhalb des Ätherraumes. Wenn das Tier stirbt, geht der Ätherleib auch in die Weiten des Weltäthers hinaus. Aber für das, was Empfindung ist, finden wir niemals die Ursachen innerhalb dessen, was irdisch, was physisch oder ätherisch ist. Wir können sie da nicht finden.

Hier tritt etwas ein, wo die moderne Anschauung wieder sehr stark auf dem Holzweg ist. Auch für die Empfindungs- und Bewegungserscheinungen, die im Tier auftreten, muss sich diese moderne Anschauung sagen: Untersuche ich das Tier in seinem Inneren nach seinen physischen und chemischen Kräften, da finde ich nicht die Ursachen. Aber auch in den Weiten des Weltalls, in den Ätherweiten des Weltalls, finde ich nicht die Ursachen. Wenn ich eine Blüte erklären will, muss ich in das weite Weltall, in das Ätherweltall gehen. Ich werde die Blüte aus dem Ätherweltall erklären können. Ich werde auch im Tier manches, was pflanzengleich ist, aus dem Ätherweltall erklären können – aber niemals das, was im Tier als Bewegungen auftritt, und niemals das, was im Tier als Empfindung auftritt.

Wenn ich am 20. Juni ein Tier in Bezug auf seine Empfindungen betrachte, dann werde ich in all dem, was gleichzeitig irdisch und außerirdisch im Raum ist, die Ursachen für seine Empfindungen am 20. Juni nicht finden. Gehe ich zurück, werde ich sie auch nicht finden. Ich werde sie nicht im Mai, nicht im April und so weiter finden.

Das spürt auch die moderne Anschauung. Daher erklärt diese moderne Anschauung das, was sich nicht erklären lässt, wenigstens vieles davon, durch ein Wort, durch «Vererbung». Sie sagt: Es ist vererbt! Es stammt von den Vorfahren, es ist vererbt! Natürlich nicht von allem, weil das zu grotesk wäre, aber von vielem sagt man: Es ist vererbt! Was heißt aber «vererbt»? Es führt der Begriff der Vererbung zuletzt darauf zurück, dass das, was einem als mannigfaltig gestaltetes Tier entgegentritt, im Eikeim des Muttertieres enthalten war. Das ist das Bestreben der modernen Anschauung: einen Ochsen in seiner mannigfaltigen Gestaltung zu sehen und dann zu sagen: Der Ochse kommt aus dem Eikeim, da waren alle Kräfte drinnen, die dann ausgewachsen den Ochsen ergeben. Daher ist der Eikeim ein außerordentlich komplizierter Körper.

Er müsste auch furchtbar kompliziert sein, dieser Eikeim des Ochsen! Denn, nicht wahr, da soll alles drinsein, was nach allen Seiten drängt und gestaltet, was bildet und wirkt, damit aus dem kleinen Eikeim der vielgestaltige Ochse wird. Wie man sich auch windet – es gibt viele Theorien: Evolutionstheorie, Epigenesetheorie und so weiter –, wie man sich auch windet, es ist immer nicht anders, als dass man sich vorstellt: Dieser Eikeim, das kleine Ei, ist etwas furchtbar Kompliziertes. Wie alles auf Moleküle zurückgeführt wird, die sich in komplizierter Weise aus Atomen aufbauen, so stellt man sich die erste Anlage des Eikeimes als ein kompliziertes Molekül vor.

Aber das stimmt nicht einmal mit den physischen Beobachtungen überein, meine lieben Freunde! Und die Frage stellt sich: Ist dieser Eikeim wirklich ein so kompliziertes Molekül, ein so komplizierter Organismus? Das Eigentümliche des Eikeimes ist, dass er gar nicht kompliziert ist, sondern dass er die ganze Materie ins Chaos zurückwirft. Der Eikeim ist gerade das im Muttertier, was keinen komplizierten Aufbau hat, sondern ein vollständig pulverisiertes, durcheinander geschmissenes Materielles ist. Es ist gar nicht organisiert, es ist gerade das, was ins absolut Unorganisierte, ins Staubhafte zurückfällt.

Niemals würde eine Fortpflanzung geschehen, wenn nicht die anorganische, leblose Materie, die ins Kristallinische, ins Gestaltige strebt, wenn diese nicht gerade im Ei ins Chaos zurückfallen würde. Das Eiweiß ist nicht der komplizierteste Körper, sondern der allereinfachste, der gar keine Bestimmung in sich hat. Und aus diesem kleinen Chaos, das da als Eikeim entsteht, könnte nie ein Ochse werden, wirklich nicht. Denn er ist ein Chaos, dieser Eikeim.

Warum wird dennoch ein Ochse daraus? Weil im mütterlichen Organismus die ganze Welt auf ihn, auf den Eikeim, wirkt. Gerade weil er bestimmungslos geworden ist, weil er Chaos geworden ist, kann die ganze Welt auf ihn wirken. Und die Befruchtung hat kein anderes Ziel in der Welt, als die Materie ins Chaos, ins Unbestimmte, ins Bestimmungslose zurückzuführen, sodass nichts anderes als nur das Weltall wirkt.

Wenn wir in die Mutter schauen, da sind nicht die Ursachen. Wenn wir in den Äther außerhalb schauen, da sind im gleichzeitigen Geschehen auch nicht die Ursachen. Wir müssen zu der Zeit zurückgehen, bevor das Tier entstanden ist, wenn wir die Ursachen für das finden wollen, was da als die Anlage zum empfindungs- und bewegungsfähigen Wesen keimt. Wir müssen zurückgehen bis in die Zeit, bevor das Leben angefangen hat. Das heißt, für das Empfindungs- und Bewegungsfähige liegt die Ursachenwelt nicht in der Gleichzeitigkeit, sondern vor der Entstehung dieses Wesens. Das ist das Eigentümliche:

- Wenn wir eine *Pflanze* anschauen, dann müssen wir im weiten Weltall zu dem hinausgehen, was gleichzeitig ist, dann finden wir die Ursachen;
- wenn wir aber für das, was als Empfindung und Bewegung im *Tier* wirkt, die Ursachen finden wollen, so können wir nicht zum Gleichzeitigen gehen, sondern da müssen wir zu dem gehen, was dem Leben vorangeht.

Die Sternenkonstellation muss sich geändert haben, sie muss eine andere geworden sein. Nicht die Sternenkonstellation im Weltall, die mit dem Tier gleichzeitig ist, hat ihren Einfluss auf das, was das Tierische ist, sondern das, was die dem Leben vorangehende Konstellation war.

Und jetzt schauen wir wieder auf den Menschen hin, der durch die Pforte des Todes geschritten ist. Der Mensch muss, wenn er durch die Pforte des Todes geschritten ist und seinen Ätherleib abgelegt hat – der in die Weltweiten an jene Stellen hingeht, von denen die Kräfte des Pflanzenwachstums, des Ätherischen kommen –, der Mensch muss dann bis zu seiner Geburt zurückgehen. Da macht er in seinem astralischen Leib, rückwärts laufend, all das durch, was er während des Lebens durchgemacht hat. Der Mensch muss nach dem Tod mit seinem Astralleib nicht in das Gleichzeitige hineingehen, er muss zu dem Vorgeburtlichen zurückgehen, er muss dorthin gehen, wo auch die Kräfte herkommen, die dem Tier die Empfindungs- und Bewegungsfähigkeit geben. Die kommen nicht aus den Konstellationen der Sterne, die gleichzeitig sind, die kommen aus den Konstellationen, die vorangegangen sind.

Sprechen wir also vom Tierreich, dann können wir nicht von einer Gleichzeitigkeit der Ursachen im Überphysischen und der Wirkungen im Physischen sprechen, sondern dann müssen wir von vergangenen Ursachen im Überphysischen zu gegenwärtigen Wirkungen im Physischen sprechen:

Tierreich: vergangene Ursachen im Überphysischen zu
gegenwärtigen Wirkungen im Physischen.

Wir kommen auch da wieder in den Zeitbegriff hinein. Wir müssen, wenn ich mich trivial ausdrücken darf, «in der Zeit spazieren gehen». Wenn wir die Ursachen für irgendetwas suchen wollen, was in der physischen Welt geschieht, gehen wir in der physischen Welt spazieren; wir brauchen nicht aus der physischen Welt herauszugehen. Wenn wir für etwas, was im lebendigen Pflanzenreich Wirkung ist, die Ursache suchen, müssen wir in die Ätherweite spazieren gehen; wir müssen die Ätherwelt absuchen, und erst da, wo die Ätherwelt zu Ende ist, wo, märchenhaft gesprochen, «die Welt mit Brettern vernagelt ist», erst da finden wir die Ursache für das Pflanzenwachstum.

Aber wir können da herumgehen, so viel wir wollen, da finden wir nicht die Ursache der Empfindungsfähigkeit, auch nicht der Bewegungsfähigkeit des Tieres. Da müssen wir anfangen, in der Zeit spazieren zu gehen, da müssen wir in der Zeit zurückschreiten. Da müssen wir aus dem Raum herauskommen und in die Zeit hinein spazieren. So können wir in Bezug auf das Verursachen nebeneinander stellen:

- den menschlichen *physischen Leib* in seiner Leblosigkeit neben die *leblose Natur;*
- den menschlichen *Ätherleib* in seinem Leben und in seinem Hinausgehen nach dem Tod in die Ätherweiten neben das Ätherleben der *Pflanzen,* das auch aus den Ätherweiten hereinkommt – aber aus der gleichzeitigen Konstellation des Überphysischen, des Überirdischen;
- die menschliche *astralische Organisation* neben das, was draußen im *Tierreich* ist.

Wenn wir dann von dem mineralischen, dem pflanzlichen und dem tierischen Reich zu dem eigentlichen Menschenreich heraufkommen, da werden wir sagen: Das haben wir schon immer berücksichtigt! Ja, aber nicht ganz: Wir haben das Menschenreich berücksichtigt, insofern der Mensch einen physischen Leib hat, dann insofern er einen Ätherleib hat, dann insofern er einen astralischen Leib hat. Wenn der Mensch bloß einen physischen Leib hätte, so wäre er ein Kristall. Wenn er dazu nur noch einen Ätherleib hätte, so wäre er bloß eine Pflanze. Wenn er noch einen astralischen Leib hätte, würde er auf allen vieren gehen, vielleicht Hörner haben und dergleichen, aber er wäre ein Tier. Das alles ist nicht der Mensch.

Die Gestalt, die der Mensch als aufrecht gehendes Wesen hat, hat er dadurch, dass er außer der physischen, ätherischen und astralischen Organisation noch die Ich-Organisation hat. Erst von diesem Wesen, das auch noch die Ich-Organisation hat, können wir als von dem Menschen sprechen.

Betrachten wir das, was wir schon gesehen haben. Wenn wir die Ursachen für das Physische suchen, können wir im Physischen bleiben. Wenn wir die Ursachen für das Pflanzliche suchen, müssen wir in die Weiten des Ätherreichs hinausgehen, aber wir können noch im Raum bleiben. Nur wird der Raum da etwas hypothetisch, denn wir müssen zu Märchenbegriffen unsere Zuflucht nehmen: «Wo die Welt mit Brettern vernagelt ist.» Die Sache ist so, dass schon die im Sinne der gegenwärtigen Naturforschung denkenden Menschen darauf kommen, dass man von so etwas sprechen kann, dass die Welt mit Brettern vernagelt ist.

Es ist ein trivialer Ausdruck, aber wir brauchen nur zu sehen, wie die Menschen in kindlicher Weise denken: Da ist die Sonne, die schickt ihre Strahlen immer weiter fort. Sie werden immer schwächer, aber das Licht geht immer weiter – ins Endlose. Ich habe für die, die schon jahrelang die Vorträge hören, auseinandergesetzt, dass das ein Unding ist, sich vorzustellen, dass das Licht ins Endlose hinausgeht. Ich habe gesagt, die Ausbreitung des Lichtes unterliegt der «Elastizität». Wenn man einen Kautschukball hat und ihn hier eindrückt (s. nächste Seite; Tafel S. 161, rechts unten), so kann man bis zu einer gewissen Stelle eindrücken, dann schnellt er wieder zurück. Das heißt, der Druck hat durch die Elastizität ein Ende, es geht dann zurück. So ist es auch für das Licht: Es geht nicht ins Endlose hinaus, sondern, wenn es eine Grenze erreicht hat, kommt es wieder zurück.

Dieses, dass das Licht nicht bis ins Endlose geht, sondern nur bis zu einer gewissen Grenze und dann wieder zurückgeht, das wird in England von dem Physiker Oliver Lodge

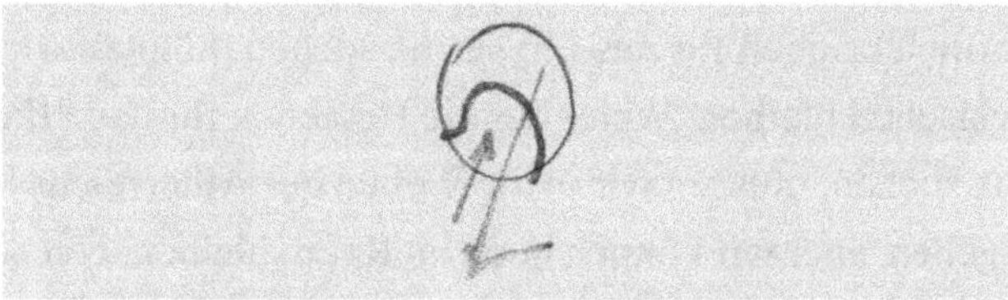

vertreten. Heute ist die physische Wissenschaft schon darauf gekommen, das zu vertreten, was die Geisteswissenschaft sagt – wie sie in allen Einzelheiten bei dem ankommen wird, was die Geisteswissenschaft sagt. So kann man davon sprechen, dass da draußen, wenn man genügend weit hinausdehnt, man wieder zurückkehren muss. Man darf nicht einfach einen endlosen Raum annehmen, der eine Fantasterei ist, eine Fantasterei, die man gar nicht fassen kann.

Vielleicht werden sich einige von Ihnen erinnern, dass ich in der Beschreibung meines *Lebensgangs* im Kapitel,

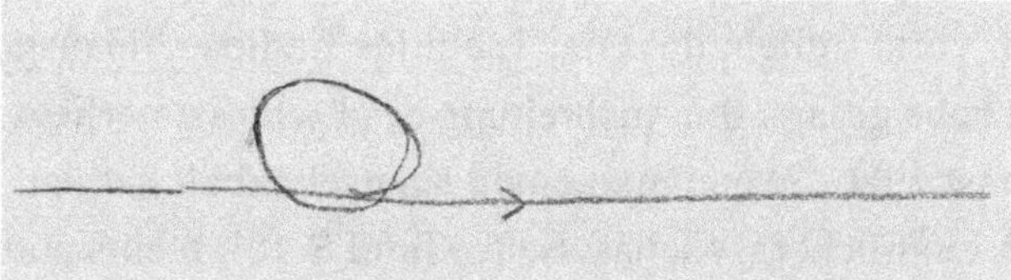

das vorige Woche erschienen ist, gesagt habe, dass es auf mich einen ganz besonderen Eindruck gemacht hat, als ich beim Anhören der neueren synthetischen Geometrie zuerst von der Geometrie darauf hingewiesen worden bin, dass eine Gerade nicht so gedacht werden kann, dass sie ins Endlose hinausgeht und niemals aufhört. Die Gerade, die da hinausgeht, die kommt von der anderen Seite wieder zurück (s. Tafel S. 161, rechts oben).

Die Geometrie drückt das so aus, dass sie sagt: Der unendlich ferne Punkt nach rechts ist derselbe wie der unendlich ferne Punkt nach links. Das kann man ausrechnen. Das ist nicht eine bloße Analogie, dass wenn man einen Kreis hat und von hier ausgeht, man da wieder zurückkommt, dass wenn der Halbbogen eine Unendlichkeit hätte, er dann eine Gerade wäre. Das ist nicht so, das wäre eine bloße Analogie, auf die derjenige, der exakt denkt, nichts gibt.

Was auf mich einen tiefen Eindruck gemacht hat, das war nicht diese triviale Analogie, sondern das rechnungsmäßig Nachweisenkönnen, dass der unendlich ferne Punkt von der einen Seite derselbe ist wie der, der hier eine Unendlichkeit ist (s. Tafel S. 161-162, tafelübergreifende Linie oben), dass also jemand, der hier (Pfeil) zu laufen anfängt und immerfort nach dieser Linie läuft, nicht ins Endlose läuft, sondern, wenn er nur die richtige Zeit abläuft, von der anderen Seite einem wieder entgegenkommt. Das sieht für ein physikalisches Denken grotesk aus. In dem Augenblick aber, wo man das physikalische Denken ablegt, ist es eine Realität, weil die Welt nicht endlos ist, sondern begrenzt, so wie sie als physische Welt vorliegt.

Sodass wir sagen können: Wir gehen an die Grenze des Ätherischen, wenn wir vom Pflanzlichen sprechen und von dem, was im Menschen ätherisch ist. Wenn wir aber das Astralische im Tier und im Menschen erklären wollen, müssen wir aus all dem herausgehen, was im Raum überhaupt ist. Da müssen wir «in der Zeit spazieren gehen», da müssen wir über das Gleichzeitige hinausgehen. Da müssen wir in der Zeit zurückschreiten.

Wenn wir in die Zeit hineinkommen, da überschreiten wir auf doppelte Art das Physische. Auch wenn wir das Tier beschreiben, müssen wir in der Zeit zurückgehen. Und kommen wir an das Menschliche, da müssen wir wieder die Denkweise nicht abstrakt fortsetzen, sondern konkret fortsetzen.

Wenn wir so denken, wie die meisten Menschen denken, so würden wir sagen: Wenn die Sonne Licht aussendet, so geht das Licht endlos fort. Oliver Lodge zeigt aber, dass man diese Denkweise verlässt, dass man weiß, das kommt an ein Ende und kommt wieder zurück. Die Sonne bekommt von allen Seiten ihr Licht wieder zurück, wenn auch in anderer Form, in verwandelter Form.

Wenden wir diese Denkweise auf das an, was wir eben ausgeführt haben. Wir stehen zunächst im Erdraum drinnen und wir schreiten hinaus zum Weltall. Das ist uns nicht genug, wir schreiten hinaus auch in der Zeit. Jetzt könnte jemand sagen: Wir schreiten in der Zeit immer weiter. Nein, wir kommen auch da wieder zurück! Wir müssen dieselbe Denkweise fortsetzen: Wir kommen wieder zurück. So wie wir, wenn wir im Raum immer weiter schreiten, an die Grenze kommen und wieder zurückkommen, so kommen wir auch in der Zeit wieder zurück. Das heißt, wenn wir die vergangenen überphysischen Ursachen in der Zeitweite suchen, müssen wir wieder ins Physische zurückkommen. Was heißt das aber? Das heißt, wir müssen in der Zeit wieder auf die Erde herunterkommen. Wenn wir für den Menschen die Ursachen suchen, müssen wir sie wieder auf der Erde suchen.

Wir sind zurückgeschritten in der Zeit. Wenn wir beim Zurückschreiten in der Zeit wieder auf die Erde herunterkommen, dann kommen wir in ein voriges Menschenleben hinein. Selbstverständlich: Wir kommen in ein voriges Menschenleben hinein! Beim Tier schreiten wir zurück, aber das löst sich an der Grenze der Zeit so auf, wie sich unser Ätherleib an der Grenze des Raumes auflöst. Der Mensch aber löst sich da nicht auf, sondern er kommt wieder zurück auf die Erde – in sein voriges Leben. Sodass wir für den Menschen sagen müssen: vergangene Ursachen im Physischen zu gegenwärtigen Wirkungen im Physischen (s. Tafel S. 162):

- *Mineralreich:* Gleichzeitigkeit der Ursachen im Physischen.
- *Pflanzenreich:* Gleichzeitigkeit der Ursachen im Physischen und Überphysischen.
- *Tierreich:* Vergangene überphysische Ursachen zu gegenwärtigen Wirkungen im Physischen.
- *Menschenreich:* Vergangene physische Ursachen zu gegenwärtigen Wirkungen im Physischen.

Es hat heute einige Mühe gekostet, uns einmal in solche Abstraktionen hineinzuversetzen. Aber das war notwendig, meine lieben Freunde! Es war notwendig, um zu sehen, dass es auch für die Gebiete, die man als die geistigen betrachten muss, eine Logik gibt. Nur stimmt diese Logik nicht mit der groben Logik überein, die bloß den physischen Erscheinungen abgelesen ist und an die die Menschen heute einzig und allein glauben.

Wenn man logisch rein vorgeht und die Ursachenreihe untersucht, dann kommt man auch im reinen Gedankengang an die vergangenen Erdleben. Und es ist notwendig, darauf aufmerksam zu machen, dass auch das Denken selbst ein anderes werden muss, wenn man das Geistige begreifen will. Die Menschen meinen, man kann das nicht begreifen, was aus der geistigen Welt heraus sich offenbart. Man kann es begreifen, aber man muss seine Logik erweitern. Auch wenn man ein Musikstück oder ein anderes Kunstwerk begreifen will, ist es notwendig, dass man in sich die Bedingungen hat, die der Sache entgegenkommen. Wenn man diese Bedingungen nicht hat, so begreift man nichts davon. Dann geht die Sache wie ein Geräusch an einem vorbei, oder man sieht in einem Gemälde nichts anderes als ein unverständliches Gebilde.

So muss man auch dem, was aus der geistigen Welt heraus mitgeteilt wird, ein Denken entgegenbringen, das der geistigen Welt angemessen ist. Das stellt sich schon bei dem logischen Denken heraus. Indem man die Verschiedenartigkeit der Ursachen untersucht, kommt man dazu, die vergangenen Erdleben auch in logischer Schlussfolgerung zu verstehen.

Es bleibt uns die Frage, die da beginnt, wo wir den Leichnam betrachten. Er ist leblos geworden. Die leblose Natur draußen steht in ihren Kristallformen, in den verschiedenen Formen da. Und die große Frage steht vor uns: Wie verhält sich die leblose Natur zum Leichnam des Menschen?

Vielleicht finden wir, meine lieben Freunde, dass etwas zur Antwort dieser Frage beigetragen wird, wenn wir die Sache in der zweiten Etappe anfassen, wenn wir sagen: Wenn wir die Pflanzenwelt anschauen, die um uns herum ist, so trägt sie aus den Weiten der Ätherwelt die Kräfte in sich, zu denen unser Ätherleib zurückkehrt. Da draußen, da oben in Ätherweiten ist das, was ursächlich den Pflanzen den Ursprung gibt. Da ist auch das, wohin unser Ätherleib geht, wenn er unserem Leben ausgedient hat. Wir gehen dahin, woher das pflanzliche Leben aus den Ätherweiten quillt. Wir gehen dahin – das heißt, wir sind verwandt damit. Wir können sagen: Da oben ist etwas: Unser Ätherleib geht dahin; die grünende, sprossende Pflanzenwelt kommt daher.

Aber es ist ein Unterschied: Wir geben unseren Ätherleib ab, die Pflanzen empfangen den Äther zum Wachsen, sie erhalten den Äther zum Leben. Wir geben den Ätherleib nach dem Tod ab, wir geben ihn als etwas ab, was übrig bleibt. Die Pflanzen erhalten den Ätherleib als das, was ihnen das Leben gibt. Sie haben ihren Anfang von dem, wohin wir an unser Ende gelangen. Der Pflanzenanfang gliedert sich zusammen mit dem Ende des menschlichen Ätherleibes.

Dies legt uns die Frage nahe: Ist es vielleicht so, dass wir auch beim Mineral, bei den mannigfaltigst gestalteten Kristallen, fragen können: Ist auch das ein Anfang gegenüber dem, was wir von uns als physischen Leichnam, als Ende hinterlassen? Gliedern sich vielleicht auch da Anfang und Ende zusammen?

Mit dieser Frage wollen wir heute schließen, meine lieben Freunde, und morgen damit anfangen, um in die Frage des menschlichen Schicksals, des Karmas, hineinzukommen. Wir werden morgen über das Karma weitersprechen. Wir werden uns nicht mehr durch ein solches Gestrüpp von Abstraktionen durchzufinden haben. Aber wir können auch einsehen, dass dies für die Entwicklung des Denkens notwendig ist.[1]

---

1 Der Vortrag endet mit folgenden praktischen Hinweisen: «Ich habe noch anzukündigen, dass außerdem morgen um 8 Uhr der nächste Vortrag sein wird, morgen um 5 Uhr eine eurythmische Darstellung hier sein wird. Und zwar kann ich Ihnen ankündigen, dass morgen eine ganze Anzahl von wunderschönen Novitäten aufgeführt wird, sodass Sie also morgen nicht, wie soll ich sagen, gelangweilt kann ich doch nicht sagen, sondern dass Sie morgen nicht aufzugehen brauchen im Ansehen von Wiederholungen, sondern durchaus sich dem Sehen von Neuem hingeben können, wenn Sie zur eurythmischen Vorstellung kommen!»

Zweiter Vortrag

Das dreifache Karma

Körperbefinden, Sympathien, Erlebnisse

Dornach, 17. Februar 1924

Meine lieben Freunde!

Wenn wir in den Betrachtungen, die für die Auseinandersetzung mit dem Karma vorbereiten sollen, wenn wir in diesen Betrachtungen vom Abstrakten, vom Gedanklichen, zum Leben fortschreiten, so kommen wir dazu, die verschiedenen Gebiete des Lebens, in die der Mensch hineingestellt ist, vor unsere Seele hinzustellen, um aus diesen Bestandstücken des Lebens Unterlagen für eine Charakterisierung des Karmas zu gewinnen.

Der Mensch gehört in einem viel umfassenderen Sinne der ganzen Welt an, als man gewöhnlich denkt. Der Mensch ist ein Glied der Welt und er ist ohne die Welt nichts. Wir haben oft den Vergleich mit einem menschlichen Glied gebraucht, zum Beispiel mit einem Finger: Der Finger ist Finger, indem er im menschlichen Organismus ist. In dem Augenblick, wo er vom Organismus abgeschnitten ist, ist er kein Finger mehr. Äußerlich physisch ist er als Finger derselbe, aber er ist kein Finger mehr, wenn er vom menschlichen Organismus abgeschnitten ist. So ist der Mensch nicht mehr Mensch, wenn er aus dem allgemeinen Weltdasein herausgehoben ist. Er gehört zum allgemeinen Weltdasein und er kann ohne dasselbe als Mensch gar nicht erkannt, gar nicht verstanden werden.

Wie wir schon gestern gesehen haben, gliedert sich die menschliche Weltumgebung in verschiedene Gebiete. Da haben wir zunächst das leblose Weltgebiet, das wir in der gewöhnlichen Sprache das mineralische Weltgebiet nennen. Diesem mineralischen Weltgebiet werden wir als einem leblosen erst ähnlich, wenn wir unseren Leib abgelegt haben, wenn wir hinsichtlich dieses Leibes durch die Pforte des Todes geschritten sind. Mit unserem eigentlichen Wesen werden wir niemals diesem Leblosen ähnlich, nur der abgelegte Leib wird diesem Leblosen ähnlich. So steht auf der einen Seite das, was der Mensch als physischen Leichnam im Reich des Leblosen zurücklässt, und auf der anderen Seite das, was die weite, leblose, kristallisierte und unkristallisierte mineralische Naturwelt ist.

Dieser Mineralwelt sind wir Menschen, so lange wir auf der Erde leben, ganz unähnlich. Darauf haben wir schon aufmerksam gemacht. Wir werden sofort in unserer Form zerstört, wenn wir der mineralischen Welt als Leichnam übergeben werden, wir lösen uns im Mineralischen auf. Das heißt: Was unsere Form zusammenhält, das hat mit dem Mineralischen nichts Gemeinsames. Schon daraus geht hervor, dass der Mensch, so wie er in der physischen Welt lebt, Einflüsse vom Mineralischen selbst gar nicht haben kann.

Die hauptsächlichsten, die umfassendsten Einflüsse, die der Mensch vom Mineralischen hat, kommen auf dem Umweg durch die Sinne. Wir sehen das Mineralische, wir hören das Mineralische, wir nehmen seine Wärme wahr, kurz, wir nehmen durch die Sinne das Mineralische wahr. Unsere übrigen Beziehungen zum Mineralischen sind außerordentlich gering. Bedenken wir nur, wie wenig das Mineralische im Leben in eine Beziehung zu uns tritt. Das Salz, mit dem wir uns unsere Speisen salzen, ist mineralisch – und einiges wenige noch, was wir mit den Nahrungsmitteln aufnehmen, ist mineralisch. Aber der weitaus größte Teil der Nahrungsmittel, die die Menschen aufnehmen, ist aus dem pflanzlichen und aus dem tierischen Reich. Was der Mensch aus dem mineralischen Reich einnimmt, das verhält sich in einer ganz eigentümlichen Weise zu dem, was er vom Mineralischen durch seine Sinne als bloß seelische Eindrücke, als Sinneswahrnehmungen, empfängt.

Wir haben schon öfter hier erwähnt, dass das menschliche Gehirn durchschnittlich 1500 Gramm (s. Tafel S. 163, links) schwer ist. Es ist ein ziemliches Gewicht. Das würde so stark drücken, dass die darunter befindlichen Gefäße durch dieses Gehirn ganz zerquetscht würden, wenn es so stark drücken würde, wie es schwer ist. Es drückt aber nicht so stark, sondern es unterliegt einem bestimmten Gesetz. Dieses Gesetz besagt, dass, wenn wir einen Körper in eine Flüssigkeit hineingeben, er von seinem Gewicht verliert. Man kann das dadurch untersuchen, dass, wenn man hier eine Waage hat (s. nächste Seite; Tafel S. 163, Mitte) und diesen Körper wiegt, er ein gewisses Gewicht hat. Stellt man dann ein Gefäß mit Wasser darunter, sodass der Körper auf der Waagschale im Wassergefäß eingetaucht ist, dann ist die Waage sofort nicht mehr im Gleichgewicht, der Waagebalken steigt herauf (Pfeil), der Körper wird leichter.

Wenn wir dann untersuchen, um wie viel der Körper leichter wird, so stellt sich heraus, dass er gerade um so viel leichter wird, als die Flüssigkeit schwer ist, die er verdrängt.

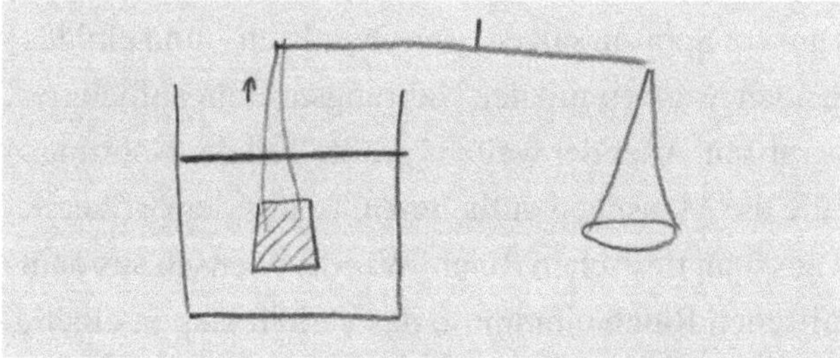

Wenn wir also Wasser als Flüssigkeit haben, so wird der ins Wasser eingesenkte Körper um so viel leichter, als das Gewicht des Wasserkörpers beträgt, den er verdrängt. Das ist das sogenannte archimedische Prinzip. Archimedes hat es, wir haben das auch schon mal erwähnt, im Bad gefunden. Er hat sich einfach ins Bad gesetzt und hat gefunden, dass sein Bein schwerer oder leichter wird, je nachdem er es herausstreckt oder hineinnimmt. Und er rief: Heureka! Ich hab's gefunden!

Ja, meine lieben Freunde, es ist dies eine außerordentlich wichtige Sache, nur werden wichtige Sachen manchmal vergessen. Hätte die Ingenieurkunst dieses archimedische Prinzip nicht vergessen, so wäre eines der größten Unglücke der letzten Zeit in Italien nicht passiert. Das sind die Dinge, die auch im äußeren Leben aus dem Unübersichtlichen des heutigen Wissens kommen.

Also, der Körper verliert so viel von seinem Gewicht, als das Gewicht der verdrängten Flüssigkeit beträgt. Das

Gehirn ist ganz im Gehirnwasser drinnen, es schwimmt im Gehirnwasser. Man findet heute schon ab und zu die Erkenntnis, dass der Mensch im Wesentlichen, sofern er fest ist, eigentlich ein Fisch ist. In Wirklichkeit ist der Mensch ein Fisch, denn er besteht zu 90 Prozent aus einem Wasserkörper, und das Feste schwimmt darin wie der Fisch im Wasser. Das Gehirn schwimmt im Gehirnwasser. Es wird so viel leichter, dass es nur 20 Gramm (s. Tafel S. 163, links) wiegt. Das Gehirn wiegt nur 20 Gramm, drückt nur mit 20 Gramm auf seine Unterlage.

Denken wir einmal, wie stark wir Menschen dadurch, dass unser Gehirn im Gehirnwasser schwimmt, in einem so wichtigen Organ die Tendenz haben, von der Erde frei zu werden. Wir denken nicht mit einem Organ, das der Erdschwere unterliegt, sondern wir denken im Gegensatz zur Erdschwere. Die Erdschwere wird dem Denkorgan erst abgenommen.

Wenn wir die ungeheure Bedeutung der Eindrücke nehmen, die wir durch die Sinne bekommen und denen wir mit unserer Willkür gegenüberstehen, und das mit den geringen Einflüssen vergleichen, die von Salz und von ähnlichen Stoffen kommen, die als Nahrungsmittel oder als Zusatz zu Nahrungsmitteln eingenommen werden, bekommen wir das Folgende heraus: Was aus dem Mineralreich einen unmittelbaren Einfluss auf den Menschen hat, verhält sich wie die 20 Gramm zu den 1500 Gramm. So sehr überwiegt das, was wir an bloßen Sinneseindrücken aufnehmen, wodurch wir von den Reizen unabhängig sind, denn das zerreißt uns nicht. Und das in uns, was schon der Erdschwere unterliegt wie die mineralischen Zusätze zu unseren Nahrungsmitteln, das sind solche Dinge, die uns innerlich konservieren. Das Salz hat eine konservierende, eine erhaltende und erfrischende Kraft.

Der Mensch ist also im Großen und Ganzen unabhängig von dem, was die umliegende mineralische Welt ist. Er nimmt aus der mineralischen Welt nur das in sich auf, was keinen unmittelbaren Einfluss auf sein Wesen hat. Er bewegt sich frei und unabhängig in der mineralischen Welt. Ja, meine lieben Freunde, wenn diese Freiheit und Unabhängigkeit der Bewegung in der mineralischen Welt nicht da wäre, dann gäbe es überhaupt nicht das, was wir menschliche Freiheit nennen. Sehr bedeutsam ist es, dass wir sagen können: Die mineralische Welt ist das notwendige Gegenstück zur menschlichen Freiheit. Gäbe es keine mineralische Welt, wären wir nicht freie Wesen.

In dem Augenblick, wo wir in die Pflanzenwelt heraufkommen, sind wir nicht unabhängig von dieser Pflanzenwelt. Es scheint nur so, als ob wir unsere Augen auf die Pflanzenwelt ebenso hinausrichteten, wie wir unsere Augen auf die Kristalle hinausrichten, auf das weite Mineralreich. Das ist aber nicht der Fall.

Da breitet sich die Pflanzenwelt aus. Wir Menschen werden in die Welt als Atmungswesen hereingeboren, als lebendige Wesen, als Wesen, die einen Stoffwechsel haben. Das ist viel abhängiger von der Umgebung als unsere Augen und unsere Ohren, als all das, was die Sinneseindrücke vermittelt. Was Pflanzenwelt ist, die Weite der Pflanzenwelt, lebt von dem von allen Seiten hereinkraftenden Äther. Auch der Mensch unterliegt diesem Äther. Wenn wir als kleines Kind geboren werden und heranwachsen, wenn die Wachstumskräfte in uns wirken, so sind das Ätherkräfte. Dieselben Kräfte, die die Pflanzen wachsen lassen, leben in uns als Ätherkräfte. Wir tragen in uns den Ätherleib.

Der physische Leib birgt unsere Augen, birgt unsere Ohren. Der physische Leib hat nichts gemeinsam mit der übrigen physischen Welt, wie wir eben auseinandergesetzt haben. Dies zeigt sich darin, dass er in der physischen Welt als Leichnam zerfällt. Anders ist es aber mit unserem Ätherleib. Mit unserem Ätherleib ist es so, dass wir durch ihn der Pflanzenwelt verwandt sind. Indem wir heranwachsen, meine lieben Freunde, bildet sich in uns etwas aus, was schon tief mit unserem Schicksal zusammenhängt.

Wir können heranwachsen, indem wir klein bleiben oder groß werden, wir können wachsen, indem wir diese oder jene Nasenform haben. Die Art und Weise, wie wir wachsen, hat schon auf unser Äußeres einen Einfluss. Das hängt wieder, wenn auch nur leise, mit unserem Schicksal zusammen. Aber das Wachstum drückt sich nicht nur in diesen groben Dingen aus. Wären die Instrumente, die wir für unsere Untersuchungen haben, fein genug, so würden wir finden, dass jeder Mensch eine andere Leberzusammensetzung, eine andere Milzzusammensetzung, eine andere Gehirnzusammensetzung hat. Leber ist nicht Leber! Bei jedem Menschen ist sie, natürlich im Feinen, etwas anderes.

Das alles hängt mit denselben Kräften zusammen, die die Pflanzen wachsen lassen. Indem wir auf die Pflanzendecke der Erde hinschauen, können wir uns bewusst werden: Was aus den Ätherweiten die Pflanzen wachsen lässt, das wirkt auch in uns, das bewirkt in uns die ursprüngliche Menschenanlage, die sehr viel mit unserem Schicksal zu tun hat. Denn ob jemand aus der ätherischen Welt heraus diese oder jene Leber-, Lungen- oder Gehirnzusammensetzung hat, das hängt tief mit seinem Schicksal zusammen. Wir sehen von all diesen Dingen nur die Außenseite.

Wenn wir auf die mineralische Welt hinschauen, sehen wir in der Mineralwelt alles, was da drinnen ist. Deshalb haben heute die Menschen diese mineralische Welt wissenschaftlich so gern – wenn man heute überhaupt von einer wissenschaftlichen Liebhaberei sprechen kann –, weil die Leute alles finden können, was sie enthält. Bei dem aber, was das Pflanzenreich als Kräfte enthält, ist das nicht mehr der Fall. Denn in dem Augenblick, wo wir zu einer imaginativen Erkenntnis kommen – wir haben davon auch schon gesprochen –, sehen wir sogleich: Die Mineralien sind so, dass sie im mineralischen Reich abgeschlossen sind. Das aber, was das Pflanzenreich enthält, erscheint äußerlich dem gewöhnlichen Bewusstsein gar nicht. Da muss man tiefer in die Welt hineingehen.

Und wenn wir uns die Frage vorlegen: Was wirkt denn im Pflanzenreich? Was wirkt da, sodass aus den Ätherweiten die Kräfte hereinkommen, die die Pflanzen aus der Erde heraussprießen und -sprossen lassen, die auch in uns das Wachstum bewirken, die feinere Zusammensetzung unseres ganzen Leibes bewirken – was wirkt da? Da kommen wir auf die Wesen der sogenannten dritten Hierarchie: die Engel, die Erzengel (Volksgeister) und die Zeitgeister (s.

Engel-Hierarchien S. 159). Die sind das nächste Unsichtbare. Ohne sie gäbe es nicht jenes Auf- und Abwogen der ätherischen Kräfte, die die Pflanzen wachsen lassen und die in uns wirken, indem wir dieselben Kräfte in uns tragen, die das Pflanzenwachstum bewirken.

Wir können in der Erkenntnis, wenn wir nicht stumpf bleiben wollen, nicht beim bloß Sichtbaren stehen bleiben, wenn wir an die Pflanzenwelt und ihre Kräfte herantreten. Wir müssen uns bewusst werden: Zu diesen Wesen, zu den Engeln, den Erzengeln und den Zeitgeistern, entwickeln wir im leibfreien Zustand, zwischen dem Tod und einer neuen Geburt, unsere Beziehungen, unsere Verhältnisse. Und je nachdem wir unsere Beziehungen zu den Wesen der dritten Hierarchie entwickeln, gestaltet sich unser Inneres, das Karma unserer Wesenheit – jenes Karma, von dem abhängt, wie unser Ätherleib die Säfte zusammensetzt, wie er uns groß oder klein werden lässt und so weiter.

Aber diese Wesen der dritten Hierarchie haben nur diese Macht. Dass die Pflanzen wachsen können, das rührt nicht allein von ihrer Macht her. In Bezug darauf stehen diese Wesen der dritten Hierarchie, die Engel, die Erzengel und die Zeitgeister, im Dienst noch höherer Wesen. Aber das, was wir durchleben, bevor wir aus der geistigen Welt in unseren physischen Leib heruntersteigen, das, was mit unserer feineren Zusammensetzung zusammenhängt – mit all dem, was wir eben beschrieben haben –, das wird durch unsere Begegnung mit den Wesen der dritten Hierarchie bewirkt. Mit der Anleitung, die wir von ihnen bekommen, je nachdem wir uns in unserem vorigen Leben dazu vorbereitet haben, mit dieser Anleitung für die Bildung unseres Ätherleibes aus den Ätherweiten geschieht das alles in der letzten Zeit, bevor wir von dem überphysischen Dasein in das physische Dasein heruntersteigen.

Sodass unser Blick zuerst auf das fallen muss, was in unser Schicksal, in unser Karma, aus unserer inneren Beschaffenheit heraus hineinwirkt. Wir können für diesen Teil des Karmas den Ausdruck «Wohlbefinden» gebrauchen – Wohlbefinden und Missbehagen (s. Tafel S. 164, «1.») des Leibes. Wohlbefinden und Missbehagen des Leibes hängt mit dem zusammen, was unsere innere Qualität vermöge unseres Ätherleibes ist.

Ein Zweites, das in unserem Karma lebt, hängt davon ab, dass nicht nur das Pflanzenreich die Erde bevölkert, sondern auch das Tierreich. Bedenken wir, meine lieben Freunde: Die verschiedensten Gegenden der Erde haben die verschiedensten Tiere. Es ist die «Tieratmosphäre» in den verschiedenen Gegenden der Erde unterschiedlich. Aber wir werden zugeben: Auch der Mensch lebt in dieser Atmosphäre, wo die Tiere leben.

Das klingt heute grotesk, weil die Menschen nicht gewohnt sind, auf solche Dinge hinzuschauen. Aber es gibt zum Beispiel Gegenden, da lebt der Elefant. Die Gegenden, in denen der Elefant lebt, sind solche, wo das Weltall auf die Erde so herunterwirkt, dass das Elefantendasein entstehen kann. Glauben wir, meine lieben Freunde, wenn hier ein Stück Erde ist und hier auf diesem Stück Erde der Elefant lebt und aus dem Weltall herein die elefantbildenden Kräfte wirken (s. Tafel S. 163, rechts), glauben wir, dass diese Kräfte nicht da sind, wenn an derselben Stelle ein Mensch ist? Die sind natürlich auch da, wenn an derselben Stelle ein Mensch ist. Und so ist es mit der ganzen Tierheit.

Geradeso wie die pflanzenbildenden Kräfte aus den Ätherfernen da sind, wo wir leben – Holzwände, Mauerwände oder Beton halten das nicht fern, wir leben hier in den Kräften, die in den Jura-Alpen die Pflanzen bilden –, so leben wir, wenn wir auf dem Boden sind, wo nach der Erd-

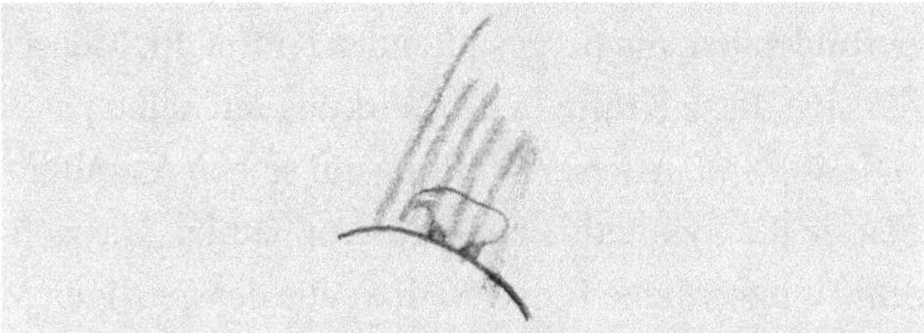

beschaffenheit ein Elefant sein kann, so leben wir auch als Mensch in den elefantbildenden Kräften. Wir können uns denken, dass gar manches von großen und kleinen Tieren, die die Erde bevölkern, in den Seelen lebt, von denen wir erfahren, dass der Mensch in derselben Atmosphäre lebt!

Das alles wirkt aber wirklich auf den Menschen. Natürlich wirkt es anders auf den Menschen als auf die Tiere, weil der Mensch noch andere Qualitäten, noch andere Wesensglieder hat als die Tiere. Es wirkt anders auf den Menschen, sonst würde ein Mensch in der Elefantenatmosphäre auch ein Elefant. Das wird er aber nicht. Der Mensch erhebt sich fortwährend aus dem, was da auf ihn wirkt, aber er lebt in dieser Atmosphäre.

Von dem, in dem der Mensch da lebt, ist all das abhängig, was in seinem Astralleib ist. Können wir davon sprechen, dass unser Wohlbehagen oder Missbehagen von dem Pflanzenwesen der Erde abhängt, so können wir wiederum sagen: Die Sympathien und Antipathien, die wir uns als Menschen aus dem vorirdischen Dasein mitbringen und innerhalb des Erddaseins entwickeln, die hängen von dem ab, was die Tieratmosphäre ausmacht.

Der Elefant hat einen Rüssel und dicke, säulenförmige Beine, der Hirsch hat ein Geweih, und so weiter. Da leben die tierbildenden, die tiergestaltenden Kräfte. Im Menschen zeigen sich diese Kräfte in der Wirkung auf seinen astralischen Leib. Und in dieser Wirkung auf seinen Astralleib erzeugen sie die Sympathien und die Antipathien, die sich die einzelne menschliche Individualität aus der geistigen Welt mitbringt.

Denken wir, meine lieben Freunde, wie stark diese Sympathien und Antipathien durch das ganze Leben führend sind. Wir Menschen werden dazu erzogen, über die starken Sympathien und Antipathien hinauszuwachsen, aber sie sind da, die Sympathien und Antipathien. Wir durchleben unser Leben in Sympathien und Antipathien. Der eine hat Sympathie für dieses, der andere hat Sympathie für jenes. Der eine hat Sympathie für Bildhauerei, der andere für Musik. Der eine hat Sympathie für blonde Menschen, der andere hat Sympathie für schwarze Menschen. Das ganze Leben ist durchsetzt von Sympathien und Antipathien. Da leben wir in Abhängigkeit von dem, was auch die mannigfaltigen Tiergestaltungen schafft.

Fragen wir uns, meine lieben Freunde: Was tragen wir als Menschen in uns, was in unserem Inneren den mannigfaltigen Tiergestalten entspricht, die draußen sind? Hundert-, tausendfach sind diese Tiergestalten; hundert-, tausendfach sind auch die Gestaltungen unserer Sympathien und Antipathien, nur bleibt das meiste davon im Unbewussten oder Unterbewussten. Das ist eine weitere, dritte Welt:

- Die erste Welt ist die Welt, wo wir *keine Abhängigkeit* spüren, die *mineralische Welt;*
- die zweite Welt ist die Welt, in der Engel, Erzengel und Zeitgeister leben, die Welt, die die *Pflanzenwelt* aus sich hervorsprießen lässt, die uns unsere innere Qualität gibt, in der wir *Wohlbehagen oder Missbehagen* ins Leben hineintragen, uns unglücklich oder glücklich fühlen durch uns selbst. Von dieser Welt hängt das ab, was durch unsere innere Zusammensetzung, durch unser ganzes ätherisches Menschentum unser Schicksal bedingt.
- Jetzt kommen wir zu dem, was weiter unser Schicksal tief bedingt: unsere *Sympathien und Antipathien.* Und diese Sympathien und Antipathien, sie bringen uns das, was in einem viel weiteren Umfang zu unserem Schicksal gehört als bloß die Wachstumskräfte.

Den einen tragen seine Sympathien in weite Fernen. Er lebt dort, weil ihn seine Sympathien dorthin getragen haben. In diesen weiten Fernen entwickeln sich dann die Einzelheiten seines Schicksals. Tief verkettet ist unser ganzes menschliches Schicksal mit unseren Sympathien und Antipathien. Sie leben in der Welt, in der nicht die dritte, sondern die zweite

Hierarchie lebt: die Geister der Form, die Geister der Bewegung und die Geister der Weisheit (s. Engel-Hierarchien S. 159). Was irdisches Abbild der hohen Geister dieser zweiten Hierarchie ist, das lebt im Tierreich. Was aber diese Wesen in uns verpflanzen, wenn wir mit ihnen zwischen dem Tod und einer neuen Geburt verkehren, das lebt in dem, was wir als die uns eingeborenen Sympathien und Antipathien aus der geistigen Welt in die physische Welt hereintragen.

Wenn wir solche Dinge durchschauen, dann werden Begriffe wie der der «Vererbung» richtig kindisch. Denn damit wir irgendein «vererbtes» Merkmal von unserem Vater oder unserer Mutter an uns tragen, müssen wir erst in uns die Sympathie für dieses Merkmal entwickeln. Es ist nicht so, dass wir eine Eigenschaft durch irgendeine leblose Naturkausalität erben, sondern es hängt davon ab, dass wir eine Sympathie für diese Eigenschaft in uns haben. Warum wir eine solche Sympathie zu dieser Eigenschaft haben, davon werden wir in den nächsten Tagen noch zu sprechen haben – das Karma wird uns viele Stunden in Anspruch nehmen. In der Weise von Vererbung zu sprechen, wie man heute in der Wissenschaft davon spricht, die sich besonders gescheit dünkt, das ist wirklich kindisch. Es wird heute sogar behauptet, dass auch geistig-seelische Eigenschaften sich «vererben». Genies sollen sich von den Vorfahren vererben. Wenn irgendein Genie in der Welt auftritt, sucht man bei den Vorfahren die einzelnen «Stücke» zusammen, die dann dieses Genie ergeben sollen.

Das ist eine sonderbare Art der Beweisführung! Eine Beweisführung, die vernünftig wäre, wäre die, dass, wenn ein

Genie da ist, dieses durch Vererbung wieder ein Genie erzeugt. Aber wenn man nach diesem Beweis suchen würde – Goethe hat auch einen Sohn gehabt, andere Genies haben auch Kinder gehabt –, da würde man auf sonderbare Dinge kommen. Das wäre aber ein Beweis! Dass ein Genie da ist und man gewisse Eigenschaften von seinen Vorfahren an diesem Genie findet, das steht auf keinem anderen Blatt als dass jemand nass ist, wenn er ins Wasser fällt und herausgezogen wird. Er hat mit dem Wasser, das von ihm herunterpludert, in seinem Wesen nichts zu tun.

Da der Mensch durch seine Sympathie zu den betreffenden Eigenschaften in diese Vererbungsströmung hineingeboren wird, trägt er diese vererbten Eigenschaften an sich – so wie der das Wasser an sich trägt, der ins Wasser fällt und herausgezogen wird. Aber kindisch sind die Vorstellungen, die man in dieser Beziehung hat. Schon im vorirdischen Dasein des Menschen treten die Sympathien und die Antipathien auf, und die geben ihm sein innerstes Gefüge. Mit denen tritt er dann ins irdische Dasein herein, mit denen zimmert er sich aus dem vorirdischen Dasein heraus sein Schicksal.

Wir können uns vorstellen: Wir waren in einem früheren Leben mit einem Menschen zusammen. Da hat sich manches im Zusammenleben ergeben. Das findet seine Fortsetzung im Leben zwischen dem Tod und einer neuen Geburt. Da wird unter dem Einfluss der Kräfte der höheren Hierarchien in lebendige Gedanken, in lebendige Weltimpulse ausgestaltet, was aus den Erlebnissen des früheren Lebens heraus in das nächste Leben hinüberkommen soll, um weitergelebt zu werden. Dazu brauchen wir die Sympathien und Antipathien, indem wir die Impulse ausbilden, durch die wir uns im Leben wieder finden.

Diese Sympathien und Antipathien werden unter dem Einfluss der Geister der Form, der Geister der Bewegung und der Geister der Weisheit im Leben zwischen dem Tod und einer neuen Geburt gebildet. Diese Sympathien und Antipathien lassen uns dann die Menschen im Leben finden, mit denen wir nach Maßgabe der früheren Leben weiterzuleben haben. Das gestaltet sich aus unserem inneren Menschengefüge heraus. Natürlich kommen in diesem Erarbeiten der Sympathien und Antipathien die mannigfaltigsten Verirrungen vor. Aber im Laufe des Schicksals gleichen sich diese wieder aus durch die vielen Leben hindurch.

Wir haben also hier ein zweites Bestandstück unseres Schicksals, ein zweites Bestandstück des Karmas: die Sympathien und die Antipathien. Wir können also sagen:

- erstes Bestandstück des Karmas: Wohlbefinden, inneres *Wohlbefinden und Missbehagen;*
- das zweite Bestandstück sind die *Sympathien und Antipathien.*

Indem wir zu den Sympathien und Antipathien im menschlichen Schicksal kommen, steigen wir in die Sphäre hinauf, in der die Kräfte für die Bildung des Tierreichs liegen.

Jetzt steigen wir ins eigentliche Menschenreich hinauf. Wir leben nicht nur mit der Pflanzen- und Tierwelt zusammen, wir leben ganz besonders maßgeblich für unser Schicksal mit anderen Menschen in der Menschenwelt zusammen. Das ist ein anderes Zusammenleben als das Zusammenleben mit den Pflanzen und den Tieren. Das ist ein Zusammenleben, durch das gerade die Hauptsache unseres Schicksals gezimmert wird. Die Impulse, die bewirken, dass die Erde auch von Menschen bevölkert ist, die wirken nur auf die Menschen ein. Und es entsteht die Frage: Welche sind die Impulse, die nur auf die Menschen wirken?

Wir können da eine rein äußerliche Betrachtung sprechen lassen, die wir schon öfter angestellt haben. Unser Leben wird von einer anderen Seite her mit einer viel größeren Weisheit geführt, als wir es von unserer Seite her führen. Wir treffen oft im späteren Leben einen Menschen, der für unser Leben außerordentlich wichtig ist. Wenn wir zurückdenken, wie wir bis dahin gelebt haben, wo wir diesen Menschen treffen, so erscheint uns das ganze Leben wie der Weg, um diesen Menschen zu treffen. Es ist, wie wenn wir jeden Schritt dazu veranlagt hätten, gerade zum rechten Zeitpunkt diesen Menschen zu finden, ihn überhaupt zu einem bestimmten Zeitpunkt zu finden.

Wir brauchen nur über das Folgende nachzudenken. Denken wir, meine lieben Freunde, was es bei völliger Menschenbesinnung bedeutet, in irgendeinem Lebensjahr einen bestimmten Menschen zu treffen, von da an mit ihm irgendetwas Gemeinsames zu erleben, zu arbeiten, zu wirken. Bedenken wir nur, was das bedeutet! Bedenken wir, was bei voller Besinnung sich als der Impuls darstellt, der uns dazu geführt hat. Wenn wir darüber nachdenken, wie es kommt, dass wir diesen Menschen gefunden haben, fällt uns vielleicht ein: Es musste erst ein Ereignis von uns erlebt werden, das mit vielen anderen Menschen zusammenhängt, sonst hätte sich keine Möglichkeit ergeben, diesen Menschen zu finden. Damit dieses Ereignis eintrat, musste etwas anderes erlebt werden. Wir kommen in komplizierte Zusammenhänge hinein, die alle eintreten mussten, in die wir uns hineinbegeben mussten, um zu irgendeinem entscheidenden Erlebnis zu kommen.

Wenn einem Menschen mit vierzehn Jahren die Aufgabe gestellt worden wäre, dieses Rätsel bewusst zu lösen, wie er in seinem 50. Lebensjahr eine entscheidende Begegnung mit einem anderen Menschen zustande bringt, wenn wir uns vorstellen, dass er das bewusst wie ein Rechenexempel hätte lösen sollen – überlegen wir, was das alles erfordern würde! Wir Menschen sind so furchtbar dumm und das, was mit uns in der Welt geschieht, ist so unendlich weise, wenn wir solche Dinge in Betracht ziehen! Da werden wir, wenn wir so etwas betrachten, auf das ungeheuer Verschlungene in unserem Schicksalswirken, in unserem Karmawirken hingewiesen. Das alles spielt sich im Reich des Menschlichen ab.

Was sich mit uns abspielt, das ist unbewusst im Leben da. Bis zu dem Moment, wo ein entscheidendes Ereignis an uns herantritt, liegt es im Unbewussten. Es spielt sich alles wie unter Naturgesetzen stehend ab. Aber wo hätten Naturgesetze die Macht, so etwas zu bewirken? Was auf diesem Gebiet geschieht, das kann aller Naturgesetzlichkeit und allem widersprechen, was sich nach den äußeren Naturgesetzen bildet. Auch darauf haben wir schon wiederholt aufmerksam gemacht.

Die Äußerlichkeiten des Menschenlebens können sogar in errechnete Gesetze eingespannt werden. Nehmen wir das Lebensversicherungswesen. Das Lebensversicherungswesen kann nur dadurch gedeihen, dass man die wahrscheinliche Lebensdauer irgendeines 19- oder 25-jährigen Menschen berechnet. Wenn jemand sein Leben versichern will, so wird die Police danach ausgestellt, wie hoch seine wahrscheinliche Lebensdauer ist. Man lebt als 19-jähriger Mensch noch soundso lange. Das lässt sich bestimmen. Aber denken wir uns, das ist für jemand abgelaufen. Er wird sich dadurch nicht verpflichtet fühlen zu sterben! Zwei Menschen können nach dieser wahrscheinlichen Lebensdauer längst gestorben sein, aber nachdem sie nach dieser wahrscheinlichen Lebensdauer längst «gestorben» sind, finden sie sich erst in einer solchen Weise zusammen, wie wir es geschildert haben.

Das alles geschieht jenseits dessen, was wir aus den äußerlichen Naturtatsachen heraus für das Menschenleben berechnen. Und dennoch geschieht es mit innerer Notwendigkeit wie die Naturtatsachen. Mit derselben Notwendigkeit, mit der irgendein Naturereignis, ein Erdbeben oder ein Vulkanausbruch, ein kleineres oder ein größeres Naturereignis eintritt, mit derselben Notwendigkeit begegnen sich zwei Menschen im Leben auf der Erde nach den Lebenswegen, die sie genommen haben.

Sodass wir innerhalb der physischen Welt ein neues Reich aufgerichtet sehen. In diesem Reich leben wir nicht nur im Wohl- und Missbehagen, nicht nur in Sympathien und Antipathien, sondern wir leben darin als in unseren

Ereignissen, in unseren Erlebnissen. Wir sind ganz eingesponnen in das Reich der Ereignisse, der Erlebnisse, die uns schicksalsmäßig bestimmen. In diesem Reich wirken die Wesenheiten der ersten Hierarchie: die Seraphim, die Cherubim und die Throne.

1. *Wohlbefinden und Missbehagen:* Engel, Erzengel, Zeitgeister;
2. *Sympathien und Antipathien:* Geister der Form, Geister der Bewegung, Geister der Weisheit;
3. *Ereignisse und Erlebnisse:* Throne, Cherubim, Seraphim.

Um das, was da wirkt, um jeden menschlichen Schritt, jede Seelenregung, all das, was in uns ist, so in der Welt zu führen, dass daraus die Schicksale der Menschen erwachsen – dazu gehört eine größere Macht als die, die im Pflanzenreich und im Tierreich wirkt, als die, die da hat die Hierarchie der Engel, Erzengel und Zeitgeister, die da hat die Hierarchie der Geister der Form, der Bewegung und der Weisheit. Dazu gehört eine Macht, die der ersten Hierarchie zukommt – den Seraphim, den Cherubim und den Thronen, den erhabensten Wesen. Denn das, was sich da auslebt, das lebt in unserem Ich, in unserer Ich-Organisation, und es lebt sich von einem früheren Leben in dieses Leben herüber.

Denken wir, wir leben in einem Erdleben. Wir bewirken dies und jenes aus Instinkten, Leidenschaften und Trieben, oder aus gescheiten und dummen Gedanken heraus. Das ist alles als Impulse vorhanden. Wenn wir in einem Leben sind, so führt das, was wir aus den Trieben heraus tun, zu dem oder jenem, es führt zur Beglückung oder zum Schaden eines anderen Menschen.

Wir gehen dann durch das Leben zwischen Tod und neuer Geburt. Wir haben in diesem Leben zwischen Tod und neuer Geburt das starke Bewusstsein: Habe ich einem Menschen Schaden zugefügt, so bin ich unvollkommener, als wenn ich ihm diesen Schaden nicht zugefügt hätte; ich muss diesen Schaden ausgleichen! Es entsteht in uns der Drang, der Trieb, diesen Schaden auszugleichen. Haben wir einem Menschen etwas getan, was zu seiner Förderung war, dann schauen wir das, was zu dieser Förderung des Menschen war, so an, dass wir sagen: Das muss eine Grundlage für die allgemeine Weltförderung abgeben, das muss zu weiteren Konsequenzen in der Welt führen.

Das können wir innerlich entwickeln. Das kann Wohlbefinden oder Missbehagen geben, nach denen wir in dem Leben zwischen dem Tod und der neuen Geburt die innere Wesenheit unseres Leibes gestalten. Das kann uns zu Sympathien und Antipathien führen, indem wir unseren astralischen Leib in der entsprechenden Weise mithilfe der Wesen der Geister der Form, der Bewegung und der Weisheit ausbilden. Aber das alles gibt uns noch nicht die Macht, das, was in einem vorhergehenden Leben bloß menschliche Tat war, zu einer Welthandlung werden zu lassen.

Wir haben einen Menschen gefördert oder wir haben einem Menschen geschadet. Das muss die Wirkung haben, dass der Mensch uns in einem nächsten Leben entgegentritt und wir bei seinem Entgegentreten den Impuls in uns haben, das Ausgleichende zu tun. Was bloß moralische Bedeutung hat, das muss eine äußere Tatsache werden, das muss ein äußeres Weltereignis werden. Dazu sind jene Wesen notwendig, die moralische Taten in Welttaten metamorphosieren, umwandeln. Das sind die Wesen der ersten Hierarchie: die Seraphim, Cherubim und Throne. Die verwandeln das, was von uns in einem Leben ausgeht, in unsere Erlebnisse des nächsten Lebens um. Sie wirken in dem, was im Menschenleben Ereignis, Erlebnis ist. Da haben wir die drei Grundelemente unseres Karmas:

- was unsere *innere Zusammensetzung* ist, unser inneres Menschsein, das unterliegt der *dritten Hierarchie;*
- was unsere *Sympathien und Antipathien* sind, was schon in einer gewissen Beziehung in unserer Umgebung wirkt, das ist Angelegenheit der *zweiten Hierarchie;*
- was uns als unser *äußeres Leben* entgegentritt, ist Angelegenheit von menschenübergeordneten Wesen der erhabensten, der *ersten Hierarchie.*

So schauen wir in den Zusammenhang hinein, in dem der Mensch mit der Welt steht, und kommen zu der großen Frage: Wie entwickelt sich aus diesen drei Elementen des Menschen all das heraus, was die Einzelheiten seines Schicksals sind?

Der Mensch wird in ein Elternhaus hineingeboren. Er wird an einem gewissen Ort der Erde geboren. Er wird in ein Volk hineingeboren. Er wird in einen Tatsachenzusammenhang hineingeboren. Aber all das, was auftritt, indem der Mensch in ein Elternhaus hineingeboren wird, indem er seinen Erziehern übergeben wird, indem er in ein Volk hineingeboren wird, indem er auf einen gewissen Fleck der Erde bei seiner Geburt gesetzt wird, all das, was trotz aller menschlichen Freiheit in das menschliche Leben so tief schicksalsmäßig eingreift, all das ist zuletzt von diesen drei Elementen abhängig, die das menschliche Schicksal zusammensetzen. Alle einzelnen Fragen werden sich uns in ihren Antworten entsprechend enthüllen, wenn wir diese Grundlage in rechter Weise ins Auge fassen.

Fragen wir, warum ein Mensch in seinem 25. Lebensjahr die schwarzen Pocken bekommt, um durch die äußerste Lebensgefahr hindurchzuschreiten, fragen wir, wie irgendeine Krankheit oder sonst ein Ereignis in sein Leben eingreift, wie eine Förderung durch diese oder jene ältere Persönlichkeit in sein Leben eingreift, die Förderung durch dieses oder jenes Volk, die Förderung, die ihm durch dieses oder jenes äußere Ereignis geschieht – überall werden wir auf das zurückgehen müssen, was in dreifacher Weise das menschliche Schicksal zusammensetzt und den Menschen in die Gesamtheit der Welthierarchien hineinstellt.

Nur im Reich der mineralischen Welt bewegt sich der Mensch frei. Da ist das Gebiet der Freiheit. Indem der Mensch darauf aufmerksam wird, lernt er auch in der richtigen Weise die Freiheitsfrage stellen. In meiner *Philosophie der Freiheit* kann man nachlesen, was für einen großen Wert darauf gelegt wird, dass nicht nach der Freiheit des Willens gefragt werde. Der sitzt tief unten im Unbewussten. Es ist ein Unsinn, nach der Freiheit des Willens zu fragen, sondern man kann nur von der Freiheit der Gedanken sprechen. Ich habe das in meiner *Philosophie der Freiheit* klar auseinandergehalten. Die freien Gedanken müssen den Willen impulsieren, dann ist der Mensch frei. Aber mit seinen Gedanken lebt der Mensch in der mineralischen Welt. Und mit allem Übrigen, mit dem er in der Pflanzenwelt, in der Tierwelt und in der rein menschlichen Welt lebt, unterliegt er dem Schicksal.

Die Freiheit ist etwas, von dem wir sagen können: Der Mensch tritt aus den Reichen, die von den höheren Hierarchien beherrscht werden, in das Reich, das von den höheren Hierarchien in einer gewissen Weise frei ist, in das mineralische Reich, um seinerseits frei zu werden. Es ist dasselbe Reich, dieses mineralische Reich, dem der Mensch nur seinem Leichnam nach ähnlich wird, wenn er den Leichnam ablegt, indem er durch die Pforte des Todes geht.

Der Mensch ist in seinem Leben unabhängig von dem Reich, das nur zu seiner Zerstörung wirken kann. Kein Wunder, dass er in diesem Reich frei ist, da dieses Reich an ihm keinen anderen Anteil hat, als ihn zu zerstören, wenn es ihn bekommt. Der Mensch muss erst sterben, damit er als Leichnam in dem Reich ist, in dem er seiner Natur nach frei ist. So hängen die Dinge zusammen. Der Mensch wird immer älter und älter. Wenn nicht andere Zwischenfälle eintreten, die wir auch aus dem Karma heraus kennenlernen werden, wenn der Mensch als alter Mensch stirbt, wird er dem mineralischen Reich als Leichnam ähnlich. Er kommt in die Sphäre des Leblosen, indem er älter wird. Da sondert er einen Leichnam ab. Der ist natürlich nicht mehr Mensch.

Schauen wir uns das mineralische Reich an: Das ist nicht mehr göttlich. Geradeso wie der Leichnam nicht mehr menschlich ist, so ist das Mineralreich nicht mehr göttlich. Was ist es denn? Die Gottheit ist im pflanzlichen, im tierischen, im menschlichen Reich. Da haben wir sie in den drei Engelhierarchien gefunden. Im Mineralreich ist so wenig ein Gott, wie im menschlichen Leichnam ein Mensch ist. Das Mineralreich ist der göttliche Leichnam.

Wir werden im weiteren Fortschreiten der merkwürdigen Tatsache begegnen, auf die wir heute nur hinweisen wollen: Der Mensch wird älter, um Leichnam zu werden, aber die Götter werden jünger, um Leichnam zu werden. Die Götter machen den anderen Weg, den wir nach unserem Tod durchmachen. Das Mineralreich ist deshalb das jüngste Reich, weil es das ist, was von den Göttern abgesondert worden ist. Und weil es von den Göttern abgesondert worden ist, kann der Mensch in ihm als im Reich seiner Freiheit leben. So hängen die Dinge zusammen.

Der Mensch lernt sich immer heimischer in der Welt fühlen, indem er seine Gedanken, seine Gefühle und seine Willensimpulse in das rechte Verhältnis zur Welt setzen lernt. Aber nur so sieht er auch, wie er schicksalsmäßig in die Welt und in ein Verhältnis zu den anderen Menschen hineingestellt ist.

Dritter Vortrag

Karmische Notwendigkeit

Die Vergangenheit der Freiheit

Dornach, 23. Februar 1924

Meine lieben Freunde!

Wie es mit dem Karma steht, sehen wir am besten, wenn wir den anderen Impuls im Menschen dagegenstellen, jenen Impuls, den wir mit dem Wort «Freiheit» bezeichnen.

Legen wir uns konkret die Karmafrage vor. Was bedeutet sie? Wir haben für den Menschen aufeinanderfolgende Leben zu verzeichnen. Indem wir uns in einem bestimmten Leben finden, können wir wenigstens in Gedanken darauf zurückblicken, wie dieses gegenwärtige Leben die Wiederholung von einer Anzahl vorangegangener Leben ist. Diesem Leben ging ein anderes, diesem wieder ein anderes voran – bis wir zu den Zeiten zurückkommen, in denen es unmöglich ist, in der Art, wie es in der gegenwärtigen Zeit der Fall ist, von wiederholten Leben zu sprechen. Beim Rückwärtslaufen beginnt eine Zeit, wo allmählich das Leben zwischen Geburt und Tod und das Leben zwischen Tod und neuer Geburt einander so ähnlich werden, dass jener gewaltige Unterschied, der heute besteht, nicht mehr da ist.

Heute leben wir in unserem irdischen Leib zwischen der Geburt und dem Tod so, dass wir uns mit dem gewöhnlichen Bewusstsein stark abgeschlossen fühlen von der geistigen

Welt. Wir sprechen aus diesem gewöhnlichen Bewusstsein heraus von der geistigen Welt als von einer «jenseitigen». Wir kommen dazu, von der geistigen Welt so zu sprechen, als ob wir sie in Zweifel ziehen, als ob wir sie ganz ableugnen würden. Das alles kommt daher, dass das Leben innerhalb des Erddaseins den Menschen auf die äußere Sinnenwelt und auf den Verstand beschränkt, der nicht auf all das hinaussieht, was mit diesem Erddasein zusammenhängt. Daher rühren allerlei Streitigkeiten, die alle in einem Unbekannten wurzeln.

Wir haben oft erlebt, wie die Leute sich über Monismus, über Dualismus und so weiter streiten. Es ist ein völliger Unsinn, über derlei Schlagworte zu streiten. Es berührt einen so, wenn in dieser Weise gestritten wird, wie wenn irgendein primitiver Mensch noch niemals etwas davon gehört hätte, dass es eine Luft gibt. Es wird dem, der da weiß, dass es eine Luft gibt und was die Luft für Aufgaben hat, nicht einfallen, die Luft als etwas Jenseitiges anzusprechen. Es wird ihm auch nicht einfallen, zu sagen: Ich bin ein Monist – Luft, Wasser und Erde sind eins; und du bist ein Dualist, weil du in der Luft etwas siehst, was über das Irdische und das Wässrige hinausgeht!

Alle diese Dinge sind ein Unsinn – wie alles Streiten um Begriffe ein Unsinn ist. Also es kann sich gar nicht darum handeln, auf solche Dinge einzugehen, sondern es kann sich nur darum handeln, darauf aufmerksam zu machen, dass der Mensch mit der Benennung «jenseitige» Welt nur von der Welt abkommt, in der er ist. Denn geradeso wie für den, der die Luft nicht kennt, die Luft nicht da ist, sondern ein Jenseitiges ist, so ist für den, der die geistige Welt nicht kennt, die wie die Luft überall da ist, die geistige Welt eine jenseitige. Für den aber, der auf die Dinge eingeht, ist sie eine diesseitige. Also es handelt sich darum, anzuerkennen, dass der Mensch in der heutigen Zeit zwischen Geburt und Tod so in seinem physischen Leib, in seiner ganzen Organisation lebt, dass ihm diese Organisation ein Bewusstsein gibt, durch das er abgeschlossen ist von der Welt der geistigen Ursachen, die in das physische Dasein hereinwirken.

Dann lebt der Mensch zwischen Tod und neuer Geburt in einer anderen Welt, die wir gegenüber unserer physischen Welt eine «geistige» Welt nennen, in der er nicht einen physischen Leib hat, der für Menschensinne sichtbar gemacht werden kann, sondern in der er als ein geistiges Wesen lebt. Und in diesem Leben zwischen Tod und neuer Geburt ist die Welt, die wir zwischen der Geburt und dem Tod durchleben, wiederum eine so fremde, wie jetzt die geistige Welt eine fremde ist für das gewöhnliche Bewusstsein. Der Tote schaut herunter auf die physische Welt so, wie der physisch Lebende in die geistige Welt hinaufschaut – und die Gefühle sind nur die umgekehrten.

Während der Mensch hier in der physischen Welt zwischen Geburt und Tod ein Aufschauen zu einer anderen Welt hat, die ihm Erfüllung für manches gibt, was hier in dieser Welt ihm zu wenig oder keine Befriedigung gewährt, so muss der Mensch zwischen Tod und neuer Geburt wegen der ungeheuren Fülle der Ereignisse – weil immer zu viel geschieht im Verhältnis zu dem, was er ertragen kann – die fortdauernde Sehnsucht empfinden, wieder zum Erdleben zurückzukehren, zu dem, was dort für ihn ein «jenseitiges» Leben ist. In der zweiten Hälfte des Lebens zwischen Tod und neuer Geburt erwartet er mit großer Sehnsucht den Durchgang durch die Geburt in das Erddasein hinein.

Wie der Mensch sich im Erddasein vor dem Tod fürchtet, weil er im Ungewissen darüber ist, weil im Erddasein für das gewöhnliche Bewusstsein eine große Ungewissheit über das Nachtodliche herrscht, so herrscht im Leben zwischen Tod und neuer Geburt eine übergroße Gewissheit über das Erdleben, eine Gewissheit, die betäubt, die geradezu ohnmächtig macht. Der Mensch hat ohnmachts-traumähnliche Zustände, die ihm die Sehnsucht eingeben, wieder zur Erde herunterzukommen. Das sind nur einige Andeutungen über die große Verschiedenheit, die zwischen dem Erdleben und dem Leben zwischen Tod und neuer Geburt herrscht.

Aber wenn wir auch nur in die ägyptische Zeit zurückgehen, vom dritten bis ins erste Jahrtausend vor der Begründung des Christentums, gehen wir zu den Menschen zurück, die wir selber in einem früheren Leben waren. Wenn wir in diese Zeit zurückgehen, da war das Leben während des Erddaseins gegenüber unserem jetzigen mit seinem so brutal klaren Bewusstsein – gegenwärtig haben die Menschen ein brutal klares Bewusstsein, sie sind alle sehr gescheit, die Menschen, ich meine das nicht ironisch, sie sind wirklich alle sehr gescheit, die Menschen –, gegenüber diesem brutal klaren Bewusstsein war das Bewusstsein der Menschen in der alten ägyptischen Zeit ein mehr träumendes. Es war ein solches, das sich nicht in derselben Weise wie heute an den äußeren Gegenständen stieß. Der Mensch ging durch die

Welt, ohne sich an etwas zu stoßen, dafür war er aber von Bildern erfüllt, die etwas von dem Geistigen verrieten, das in seiner Umgebung war. Das Geistige ragte noch herein in das physische Erddasein.

Fragen wir nicht: Wie hat der Mensch, wenn er ein solches mehr träumendes, nicht brutal klares Bewusstsein hatte, die schweren Arbeiten verrichten können, die während der ägyptischen oder chaldäischen Zeit verrichtet worden sind? Da brauchen wir uns nur daran zu erinnern, dass Verrückte gerade in gewissen Irrsinnszuständen bisweilen ein ungeheures Wachstum ihrer physischen Kräfte haben. Sie fangen an, Dinge zu tragen, die sie mit vollem, klarem Bewusstsein nicht tragen könnten.

Damals war auch die physische Stärke der Menschen größer, die äußerlich vielleicht schmächtiger waren als die heutigen Menschen. Es ist auch nicht immer der Dicke stark und der Dünne schwach. Nur verwendeten sie dieses Dasein nicht so, dass sie alles Einzelne beobachteten, was sie physisch taten, sondern den physischen Taten gingen parallel die Erlebnisse, in die noch die geistige Welt hereinragte. Und wiederum: Wenn diese Menschen im Leben zwischen Tod und neuer Geburt waren, da kam viel mehr von dem irdischen Leben in jenes Leben hinauf. Heute ist es außerordentlich schwer, sich mit den Menschen zu verständigen, die sich im Leben zwischen Tod und neuer Geburt befinden. Schon die Sprache hat allmählich eine Gestalt angenommen, die von den Toten nicht verstanden wird.

Unsere Substantive (Hauptwörter) zum Beispiel bedeuten in der Auffassung der Toten bald nach dem Tod absolute

Lücken. Sie verstehen nur noch die Verben (Zeitwörter), das Bewegte, das Tätige. Und während wir hier auf der Erde immerfort von den materialistisch gesinnten Leuten darauf aufmerksam gemacht werden, dass alles «definiert» werden soll, dass man jeden Begriff scharf definieren, scharf begrenzen soll, kennt der Tote überhaupt keine Definitionen mehr. Er kennt nur das, was in Bewegung ist, nicht das, was Konturen hat und begrenzt ist.

Aber in älteren Zeiten war auch das, was auf der Erde als Sprache lebte, was als Denkgewohnheit lebte, noch so, dass es in das Leben zwischen dem Tod und einer neuen Geburt hinaufragte, dass der Tote nach dem Tod noch einen Nachklang von dem hatte, was lange nach seinem Tod auf der Erde vorging. Und wenn wir noch weiter in die Zeit vor der atlantischen Katastrophe, ins 8., 9. Jahrtausend vor der christlichen Zeitrechnung zurückgehen, dann werden die Unterschiede zwischen dem Leben auf der Erde und dem Leben im Jenseits noch geringer. Dann kommen wir allmählich in die Zeit, wo die beiden «Leben» einander ähnlich sind, wo wir nicht mehr von wiederholten Erdleben sprechen können. Diese haben ebenso ihre Grenze, wenn wir nach rückwärts schauen, wie wenn wir nach vorwärts, in die Zukunft, schauen.

Was mit Geisteswissenschaft beginnt, dass in das gewöhnliche Bewusstsein die geistige Welt hereinragt, das wird zur Folge haben, dass auch diese Erdwelt mehr in die Welt hineinragt, in der man zwischen dem Tod und einer neuen Geburt lebt. Trotzdem wird das Bewusstsein nicht träumerisch bleiben, sondern immer klarer werden. Der

Unterschied wird wieder geringer werden, sodass wir das Leben in den wiederholten Erdleben begrenzt haben zwischen den Grenzen, die in ein ganz andersgeartetes Dasein des Menschen hineinführen, wo es keinen Sinn hat, von wiederholten Leben zu sprechen, weil die Differenz zwischen dem irdischen und dem geistigen Leben nicht so groß ist wie jetzt.

Wenn wir aber für die weitere Gegenwart der Erdzeit annehmen: Hinter diesem Leben liegen viele andere – wir dürfen nicht sagen unzählige andere, denn sie lassen sich bei einer genauen geisteswissenschaftlichen Untersuchung zählen –, wenn wir das annehmen, meine lieben Freunde, dann haben wir in den früheren Leben bestimmte Erlebnisse gehabt, die Verhältnisse von Mensch zu Mensch darstellen. Und die Wirkungen dieser Verhältnisse von Mensch zu Mensch, die sich damals in dem auslebten, was wir durchgemacht haben, die ragen in dieses Erdleben geradeso herein, wie die Wirkungen dessen, was wir in diesem jetzigen Leben verrichten, sich in die nächsten Leben hineinerstrecken werden.

Wir haben also die Ursachen für vieles, was jetzt in unserem Leben auftritt, in früheren Leben zu suchen. Da wird sich der Mensch leicht sagen: Also ist das, was der Mensch jetzt erlebt, bedingt, verursacht. Wie kann er dann ein freier Mensch sein?

Die Frage ist, wenn man sie so betrachtet, eine bedeutsame Frage. Denn alle geistige Beobachtung zeigt, dass das folgende Leben durch die früheren Leben bedingt ist. Auf der anderen Seite ist das Bewusstsein der Freiheit ganz unbedingt da. Und wenn Sie meine *Philosophie der Freiheit* lesen, so werden Sie sehen, dass wir den Menschen gar nicht verstehen können, wenn wir uns nicht klar darüber sind, dass sein ganzes Seelenleben auf die Freiheit hintendiert, auf die Freiheit hingerichtet ist, aber auf eine Freiheit, die wir richtig zu verstehen haben.

Wir finden gerade in meiner *Philosophie der Freiheit* eine Idee der Freiheit, die im rechten Sinne aufzufassen außerordentlich wichtig ist. Es handelt sich dabei darum, dass man die Freiheit zunächst in dem Gedanken entwickelt hat. Im Gedanken geht der Quell der Freiheit auf. Der Mensch hat ein unmittelbares Bewusstsein davon, dass er im Denken ein freies Wesen ist.

Es gibt viele Menschen heute, die die Freiheit bezweifeln. Das ist nur ein Beweis dafür, dass der theoretische Fanatismus der Menschen größer ist als das, was der Mensch unmittelbar erlebt. Der Mensch glaubt nicht mehr an seine Erlebnisse, weil er mit theoretischen Anschauungen vollgepfropft ist. Er bildet sich heute aus der Beobachtung der Naturvorgänge die Idee: Alles ist notwendig bedingt, jede Wirkung hat eine Ursache, alles, was ist, hat eine Ursache. Also, wenn ich einen Gedanken denke, hat das auch eine Ursache. An die wiederholten Erdleben denkt man gar nicht, sondern man denkt, dass das, was aus dem Denken hervorgeht, ebenso verursacht ist wie das, was in einer Maschine vorgeht.

Durch diese Theorie von der allgemeinen Kausalität, wie man sie nennt, von der allgemeinen Verursachung, durch diese Theorie macht sich der Mensch heute blind dafür, dass er in sich das Bewusstsein der Freiheit trägt. Die Freiheit ist eine Tatsache, die erlebt wird, sobald man wirklich zur Selbstbesinnung kommt. Es gibt aber Menschen, die der Anschauung sind, dass das Nervensystem ein Natursystem ist, das die Gedanken aus sich herauszaubert. Die Gedanken sollen notwendige Ergebnisse sein, geradeso wie die Flamme, die unter dem Einfluss des Brennstoffes brennt – und von Freiheit kann nicht die Rede sein.

Aber diese Menschen widersprechen sich, indem sie überhaupt reden. Ich habe schon öfter hier erzählt: Ich hatte einen Jugendfreund, der hatte in einer gewissen Zeit einen Fanatismus dahingehend, recht materialistisch zu denken. Und so sagte er: Wenn ich gehe, da sind es meine Gehirnnerven, die von gewissen Ursachen durchzogen sind, die bringen die Wirkung des Gehens hervor! Das konnte unter Umständen eine lange Debatte mit diesem Jugendfreund abgeben. Ich sagte ihm zuletzt einmal: Ja, aber sieh einmal, du sagst doch: Ich gehe. Warum sagst du denn nicht: Mein Gehirn geht? Wenn du wirklich an deine Theorie glaubst, so darfst du nicht sagen: Ich gehe, ich greife, sondern du musst sagen: Mein Gehirn greift, mein Gehirn geht. Also, warum lügst du denn?

Das sind mehr die Theoretiker. Es gibt auch die Praktiker. Wenn sie irgendeinen Unfug an sich bemerken, den sie nicht abstellen wollen, dann sagen sie: Das kann ich nicht abstellen, das ist meine Natur; es kommt von selbst, ich bin machtlos dagegen! Solche Menschen gibt es viele. Sie berufen sich auf die unabänderliche Verursachung ihres Wesens.

Sie werden nur inkonsequent, wenn sie etwas zur Schau tragen, was sie an sich gerne haben, wofür sie keine Entschuldigung brauchen, sondern eine Belobigung wünschen. Dann gehen sie ab von dieser Anschauung!

Die Tatsache der Freiheit des Menschen ist eine Tatsache, die unmittelbar erlebt wird. Schon im gewöhnlichen Leben ist die Sache so, dass wir vielerlei Dinge in voller Freiheit tun. Sie liegen so, diese Dinge, dass wir sie nicht gut ungetan sein lassen können, trotzdem fühlen wir unsere Freiheit dadurch nicht beeinträchtigt.

Nehmen wir an, wir fassen den Entschluss, ein Haus zu bauen. Das Haus braucht, um gebaut zu werden, meinetwillen ein Jahr. Wir werden nach einem Jahr darin wohnen. Werden wir unsere Freiheit dadurch beeinträchtigt fühlen, dass wir uns sagen müssen: Jetzt ist das Haus da, ich muss dahinein, ich muss darin wohnen, das ist doch ein Zwang? Wir werden unsere Freiheit nicht beeinträchtigt fühlen dadurch, dass wir uns ein Haus gebaut haben. Diese zwei Dinge bestehen im Leben nebeneinander: dass man sich für etwas engagiert hat, was dann eine Tatsache geworden ist, mit der man rechnen muss.

Nehmen wir all das, was aus früheren Leben stammt, all das, womit wir rechnen müssen, weil es von uns herrührt, geradeso wie der Hausbau von uns herrührt. Dann werden wir dadurch, dass unser gegenwärtiges Leben von früheren Leben her bestimmt ist, keine Beeinträchtigung unserer Freiheit empfinden.

Jemand könnte sagen: Ich habe mir ein Haus gebaut, aber ich will ein freier Mensch bleiben, ich will mich dadurch nicht zwingen lassen. Ich will, weil es mir nicht gefällt, in dieses Haus nicht einziehen, ich werde es verkaufen. Schön, man kann darüber auch diese Ansicht haben. Man kann auch die Ansicht haben, dass der Betreffende nicht recht weiß, was er im Leben will, wenn er das tut. Diese Ansicht kann man auch haben, dass jemand ein Fanatiker der Freiheit ist, wenn er sich fortwährend Dinge vornimmt, die er dann aus Freiheit unterlässt. Man sagt sich: Der Mann hat nicht einmal die Freiheit, auf das einzugehen, was er sich vorgenommen hat. Er steht unter dem fortwährenden Stachel, frei sein zu wollen und wird von diesem Freiheitsfanatismus geradezu gehetzt. Es handelt sich also darum, dass die Dinge nicht starr theoretisch gefasst werden, sondern dass sie lebensvoll gefasst werden.

Wir wollen jetzt zu einem komplizierteren Begriff übergehen. Wenn wir dem Menschen Freiheit zuschreiben, so müssen wir bei den anderen Wesen, die in ihrer Freiheit nicht durch die Schranken der Menschennatur beeinträchtigt sind – wenn wir zu den Wesen hinaufgehen, die den höheren Hierarchien angehören, sind diese nicht durch die Schranken der Menschennatur beeinträchtigt –, so müssen wir bei diesen anderen Wesen die Freiheit in einem noch höheren Grad suchen.

Es könnte jemand eine eigentümliche theologische Theorie aufstellen und sagen: Gott muss auch frei sein; er hat aber die Welt in einer gewissen Weise eingerichtet, dadurch ist er doch engagiert, er kann nicht jeden Tag die Weltordnung ändern, also ist er nicht frei!

Wenn wir in dieser Weise die karmische Notwendigkeit und die Freiheit, die eine Tatsache unseres Bewusstseins ist, die einfach ein Ergebnis der Selbstbeobachtung ist, gegeneinanderstellen, kommen wir aus einem Zirkel gar nicht heraus. Auf diese Weise kommen wir aus einem Zirkel gar nicht heraus. Denn die Sache ist diese: Nehmen wir noch einmal – wir wollen das Beispiel nicht tottreten, aber es kann uns auf die richtige Fährte führen –, nehmen wir noch einmal das Beispiel vom Hausbau.

Also, jemand baut sich ein Haus. Ich will nicht sagen, ich baue mir ein Haus, ich werde mir niemals eins bauen, aber sagen wir, jemand baut sich ein Haus. Durch diesen Entschluss bestimmt er in einer gewissen Weise seine Zukunft. Es bleibt ihm für diese Zukunft, wenn das Haus fertig ist und er mit seinem früheren Entschluss rechnet, für das Drinwohnen scheinbar keine Freiheit. Er hat sie sich selbst beschränkt, seine Freiheit, es bleibt ihm scheinbar keine Freiheit.

Aber denken wir, für wie vieles ihm innerhalb dieses Hauses Freiheit bleibt! Es steht ihm frei, darin dumm oder gescheit zu sein. Es steht ihm frei, darin mit seinen Mitmenschen ekelhaft oder liebevoll zu sein. Es steht ihm frei, darin früh oder spät aufzustehen. Vielleicht gibt es für anderes eine Notwendigkeit, aber jedenfalls steht es ihm in Bezug auf den Hausbau frei, früh oder spät aufzustehen. Es steht ihm frei, darin Anthroposoph oder Materialist zu sein. Kurz, es gibt unzählige Dinge, die ihm immer noch freistehen. Geradeso gibt es im einzelnen Menschenleben, obwohl die karmische Notwendigkeit vorliegt, unzählige Dinge, viel mehr als in einem Haus, unzählige Dinge, die einem freistehen, die ganz im Bereich der Freiheit liegen.

Wir werden vielleicht weiter sagen: Gut, dann haben wir im Leben einen Bereich von Freiheit – den wollen wir hier in der Zeichnung weiß machen (s. Tafel S. 165, weiße Fläche), weil ihn die Menschen gerne haben – und ringsherum die karmische Notwendigkeit, die ist auch da. Wir haben einen eingeschlossenen Bereich von Freiheit und rings-

herum die karmische Notwendigkeit. Dieses anschauend, können wir Folgendes geltend machen, wir können sagen: Da bin ich in einem gewissen Bezirk frei. Aber ich komme überall an die Grenze meiner Freiheit. Ich empfinde überall die karmische Notwendigkeit. Ich gehe in meinem «Freiheitszimmer» herum, aber an der Grenze komme ich überall an meine karmische Notwendigkeit und empfinde diese karmische Notwendigkeit.

Ja, meine lieben Freunde, wenn der Fisch ebenso denken würde, wäre er im Wasser höchst unglücklich, denn er kommt, wenn er im Wasser schwimmt, überall an die Grenze des Wassers, und außerhalb des Wassers kann er nicht leben. Daher unterlässt er es, außerhalb des Wassers zu gehen!

Er geht gar nicht außerhalb des Wassers, er bleibt im Wasser drinnen, er schwimmt im Wasser und lässt das andere, was außer dem Wasser ist, Luft sein oder was es eben ist.

Und aus dem Grund, weil der Fisch das tut, kann ich Ihnen die Versicherung geben, dass der Fisch gar nicht unglücklich ist darüber, dass er nicht mit Lungen atmen kann. Er kommt gar nicht darauf, unglücklich zu sein. Wenn aber der Fisch darauf kommen sollte, darüber unglücklich zu sein, dass er nur mit Kiemen und nicht mit Lungen atmet, dann müsste er auch Lungen haben und vergleichen, wie es ist, im Wasser zu leben und in der Luft zu leben. Dann aber wäre die ganze Art, wie der Fisch sich innerlich fühlt, eine andere. Es wäre alles anders.

Wenden wir den Vergleich auf das Menschenleben in Bezug auf Freiheit und karmische Notwendigkeit an, dann ist das so, dass der Mensch in der gegenwärtigen Zeit sein gewöhnliches Bewusstsein hat. Mit diesem Bewusstsein lebt er im Bezirk der Freiheit, so wie der Fisch im Wasser lebt. Mit diesem Bewusstsein kommt er gar nicht in das Reich der karmischen Notwendigkeit hinein.

Erst wenn der Mensch anfängt, die geistige Welt wahrzunehmen, was so wäre, wie wenn der Fisch Lungen in Reserve hätte, erst dann, wenn der Mensch sich in die geistige Welt einlebt, bekommt er eine Anschauung von den Impulsen, die als karmische Notwendigkeit in ihm leben. Dann schaut er in seine früheren Leben zurück und er empfindet nicht, er sagt nicht, indem er im früheren Leben die Ursachen für gegenwärtige Erlebnisse findet: Ich bin jetzt unter dem Zwang einer eisernen Notwendigkeit und meine Freiheit ist beeinträchtigt, sondern er schaut zurück und sieht, wie er selbst sich das zusammengezimmert hat, was jetzt vorliegt – so wie der, der sich ein Haus gebaut hat, auf den Entschluss zurückschaut, der zum Bau des Hauses geführt hat. Dann findet er es gescheiter zu fragen: War das damals ein vernünftiger Entschluss, das Haus zu bauen, oder ein unvernünftiger? Da kann man natürlich allerlei Ansichten darüber gewinnen – später, wenn sich die Dinge herausstellen. Und wenn man findet, dass es eine Torheit war, sich das Haus zu bauen, kann man höchstens sagen, dass man töricht gewesen ist.

Im Erdleben ist es so eine Sache, wenn man sich in Bezug auf etwas, was man inauguriert (angefangen) hat, sagen muss, es war töricht. Man hat das nicht gern, man leidet nicht gern unter seinen Torheiten. Man möchte, dass man den Entschluss nicht gefasst hätte. Aber das bezieht sich auch nur auf das eine Leben, weil zwischen der Torheit des Entschlusses und der «Strafe», die man dafür hat, indem man die Konsequenzen dieser Torheit erleben muss, das jetzige Leben ist, das fortbesteht. So ist es aber nicht von einem Leben zum anderen. Da ist immer dazwischen das Leben zwischen dem Tod und einer neuen Geburt, und dieses Leben zwischen Tod und neuer Geburt ändert manches, was sich nicht ändern würde, wenn das Leben sich in gleichartiger Weise nur fortsetzt.

Nehmen wir an, wir schauen zurück in ein früheres Leben. Da haben wir irgendeinem Menschen Gutes oder Böses getan. Zwischen jenem vorigen und dem jetzigen Leben war das Leben zwischen Tod und neuer Geburt.

In diesem Leben, in diesem geistigen Leben, können wir gar nicht anders als denken: Wir sind unvollkommener geworden dadurch, dass wir einem Menschen irgendetwas Böses zugefügt haben. Das nimmt etwas weg von unserem Menschenwert. Das macht uns seelisch verkrüppelt. Wir müssen die Verkrüppelung wieder ausbessern und fassen den Entschluss, im neuen Leben das zu erringen, was den Fehler ausbessert. Wir nehmen zwischen dem Tod und der neuen Geburt in unserem Willen das auf, was den Fehler ausgleicht.

Haben wir einem Menschen etwas Gutes getan, dann wissen wir, dass das menschliche Leben – das sehen wir insbesondere im Leben zwischen dem Tod und einer neuen Geburt –, dass das ganze Erdleben für die gesamte Menschheit da ist. Und wir kommen darauf, dass, wenn wir in einem früheren Leben einen Menschen gefördert haben, er dadurch gewisse Dinge errungen hat, die er ohne uns nicht errungen hätte. Wir fühlen uns dadurch im Leben zwischen Tod und neuer Geburt wieder mit ihm vereinigt, um das weiter auszuleben, was wir mit ihm zusammen in Bezug auf menschliche Vervollkommnung erreicht haben. Wir suchen ihn im neuen Leben wieder auf, um gerade durch die Art und Weise, wie wir ihn vollkommener gemacht haben, im neuen Leben weiterzuwirken.

Also es handelt sich nicht darum, dass wir, wenn wir durch Einsicht in die geistige Welt den Bezirk ringsherum (s. Tafel S. 165, rot) wahrnehmen, die Notwendigkeit verabscheuen, sondern es handelt sich darum, dass wir auf diese Notwendigkeit zurücksehen – wie die Dinge waren, die wir da selbst verrichtet haben –, und dass wir sie so anschauen, dass wir uns sagen: Es muss das geschehen, auch aus voller Freiheit muss das geschehen, was aus einer inneren Notwendigkeit heraus geschieht. Wir werden niemals den Fall erleben, dass wir bei einer wirklichen Einsicht in das Karma mit diesem Karma nicht einverstanden sind.

Wenn sich im Karma Dinge ergeben, die uns nicht gefallen, dann betrachten wir sie nicht aus der allgemeinen Gesetzlichkeit der Welt heraus. Wir kommen immer mehr darauf, dass das, was karmisch bedingt ist, besser ist, als wenn wir mit jedem neuen Leben neu anfangen müssten, als wenn wir mit jedem neuen Leben ein unbeschriebenes Blatt wären. Denn wir sind unser Karma selbst. Was da her überkommt aus früheren Leben, das sind wir selbst. Es hat gar keinen Sinn, davon zu sprechen, dass irgendetwas in unserem Karma, das neben dem Bezirk der Freiheit durchaus da ist, dass irgendetwas in unserem Karma anders sein sollte, als es ist – weil in einem gesetzmäßig zusammenhängenden Ganzen das Einzelne gar nicht kritisiert werden kann.

Es kann jemandem seine Nase nicht gefallen, aber es hat gar keinen Sinn, bloß die Nase an sich zu kritisieren, denn die Nase, die man hat, muss so sein, wie sie ist, wenn der ganze Mensch so ist, wie er ist. Und derjenige, der sagt: Ich möchte eine andere Nase haben, der sagt damit, er möchte ein ganz anderer Mensch sein. Aber damit schafft er sich selbst in Gedanken weg. Das kann er nicht in Wirklichkeit. So können wir auch unser Karma nicht wegschaffen, denn wir sind selbst das, was unser Karma ist. Es beirrt uns aber auch gar nicht, denn es verläuft neben den Taten unserer Freiheit, es beeinträchtigt nirgends die Taten unserer Freiheit.

Ich möchte einen anderen Vergleich noch gebrauchen, der das klarmacht. Wir gehen als Menschen, aber es ist doch der Boden da, auf dem wir gehen. Kein Mensch fühlt sich dabei in seinem Gehen beeinträchtigt, dass unter ihm der Boden ist. Er weiß: Wenn der Boden nicht da wäre, könnte er nicht gehen, er würde überall herunterfallen. So ist es mit unserer Freiheit: Die braucht den Boden der karmischen Notwendigkeit, sie muss sich von diesem Untergrund erheben. Dieser Untergrund sind wir selbst. Sobald wir den Freiheitsbegriff und den Begriff des Karmas in der richtigen Weise fassen, werden wir sie miteinander vereinbaren können. Dann brauchen wir auch nicht mehr davor zurückzuschrecken, die karmische Notwendigkeit zu bejahen.

Wir kommen sogar dazu, in gewissen Fällen uns das Folgende zu sagen. Nehmen wir an, jemand kann durch die Initiationseinsicht in frühere Leben zurückschauen. Er weiß ganz gut, wenn er in frühere Leben zurückschaut, dass dadurch, dass ihm dieses und jenes geschehen ist, das mit hereingekommen ist in dieses Leben. Wäre er nicht zur Initiationswissenschaft gekommen, dann würde eine objektive Notwendigkeit ihn drängen, gewisse Dinge zu tun, er täte sie unweigerlich. Seine Freiheit würde er dadurch nicht beeinträchtigt fühlen, denn seine Freiheit liegt im gewöhnlichen Bewusstsein, mit dem er gar nicht in die Region hineinreicht, wo die karmische Notwendigkeit wirkt, geradeso wie der Fisch nicht an die äußere Luft kommt. Aber wenn er die Initiationswissenschaft hat, dann sieht er zurück, er sieht, wie das in einem vorigen Leben war. Und er betrachtet bewusst das, was da ist, als eine Aufgabe, die ihm für dieses Leben zugeteilt ist. Es ist auch so.

Derjenige, der keine Initiationswissenschaft hat – ich sage jetzt etwas, was paradox erscheinen kann, was aber wahr ist –, der weiß eigentlich immer durch einen inneren Drang, durch einen dunklen Trieb, was er tun soll. Die Leute wissen immer, was sie tun sollen, fühlen sich immer zu dem oder jenem gedrängt.

Bei dem, der mit Initiationswissenschaft anfängt, bei dem wird es in der Welt noch etwas anders. Es tauchen, wenn das Leben an ihn herantritt, den einzelnen Erlebnissen gegenüber ganz merkwürdige Fragen auf. Wenn er sich gedrängt fühlt, etwas zu tun, ist er auch gleich wiederum gedrängt, es nicht zu tun. Der dunkle Trieb, der die meisten Menschen zu dem oder jenem drängt, er fällt weg. Auf einer gewissen Stufe der Initiationseinsicht könnte der Mensch, wenn nichts anderes an ihn heranträte, dazu kommen, sich zu sagen: Jetzt verbringe ich am liebsten mein ganzes folgendes Leben so, nachdem ich zu dieser Einsicht gekommen bin – ich bin jetzt 40 Jahre alt, das kann mir ganz gleichgültig sein: Ich setze mich auf einen Stuhl und tue gar nichts mehr! Es sind nicht solche ausgesprochenen Triebe da, das oder jenes zu tun.

Glauben Sie nicht, meine lieben Freunde, dass die Initiation nicht reale Wirklichkeit hat. Es ist in dieser Beziehung merkwürdig, wie die Menschen denken. Von einem gebackenen Huhn glaubt jeder, wenn er es isst, dass es reale Wirklichkeit hat. Von der Initiationswissenschaft glauben die Menschen, dass sie nur eine theoretische Wirklichkeit hat. Sie hat aber Lebenswirkungen – und eine solche Lebenswirkung ist die, die ich eben angedeutet habe.

Bevor der Mensch die Initiationswissenschaft hat, ist ihm immer das eine wichtig und das andere unwichtig – aus einem dunklen Drang heraus. Der Initiierte aber möchte sich am liebsten auf einen Stuhl setzen und die Welt ablaufen lassen, denn es kommt nicht darauf an – so stellt es sich bei ihm ein –, ob das eine geschieht und das andere unterbleibt und dergleichen. Da gibt es dann nur eine Kur – es wird nicht so bleiben, weil die Initiationswissenschaft auch noch etwas anderes bringt –, nur eine Kur dafür, dass sich der betreffende Initiierte nicht auf einen Stuhl setzt, die Welt ablaufen lässt und sagt: Mir ist alles gleichgültig. Da gibt es nur die Kur, in frühere Leben zurückzublicken. Da liest er dann aus seinem Karma die Aufgabe für das jetzige Leben ab.

Da tut er dann bewusst das, was ihm seine früheren Leben auferlegen. Er unterlässt es nicht, indem er meint, dass seine Freiheit damit beeinträchtigt wird, sondern er tut es. Er tut es, weil er, indem er darauf kommt, was er in früheren Leben erlebt hat, zugleich gewahr wird, was im Leben zwischen Tod und neuer Geburt da war und wie er es als vernünftig angesehen hat, die entsprechenden Folgetaten zu tun. Er würde sich unfrei fühlen, wenn er nicht in die Lage kommen könnte, seine sich aus dem vorigen Leben gestellte Aufgabe zu erfüllen.[2]

---

2 An dieser Stelle befindet sich in der Klartextnachschrift (S. 19) folgender Einschub: «Ich möchte hier nur eine kleine Parenthese

Also weder vor noch nach dem Eintritt in die Initiationswissenschaft gibt es einen Widerspruch zwischen karmischer Notwendigkeit und Freiheit:

- Vor dem Eintritt in die Initiationswissenschaft aus dem Grund nicht, weil der Mensch mit dem *gewöhnlichen Bewusstsein* innerhalb des Bereichs der Freiheit bleibt und die karmische Notwendigkeit sich draußen wie naturhaft abspielt. Er hat nichts, das er anders als das empfindet, was ihm seine Natur eingibt;
- und nach dem Eintritt in die *Initiationswissenschaft* aus dem Grund nicht, weil er mit seinem Karma ganz einverstanden geworden ist, weil er im Sinne des Karmas zu handeln für vernünftig ansieht.

Geradeso wie, wenn man sich ein Haus baut, das in einem Jahr fertig ist, man sich nicht sagt: Das beeinträchtigt meine Freiheit, dass ich jetzt da hineinziehe, sondern sich sagt: Das war ganz vernünftig von dir, dass du dir in dieser Gegend, an diesem Platz ein Haus gebaut hast, jetzt sei frei in diesem Haus!, so weiß derjenige, der mit Initiationswissenschaft in frühere Leben zurückblickt, dass er gerade dadurch frei ist,

---

machen. Sehen Sie, das Wort Karma ist ja auf dem Umweg durch das Englische nach Europa gekommen. Nun, deswegen, weil man das so schreibt: Karma [mit Bleistift eingefügt], sagen die Leute sehr häufig: Karma. Das ist falsch ausgesprochen; Karma ist geradeso zu sprechen, wie wenn es mit ä geschrieben wäre. Ich spreche nun, seit ich die Anthroposophische Gesellschaft führe, immer Kärma (=ä), und ich bedauere, dass sehr viele Leute sich daraus angewöhnt haben, fortwährend das schreckliche Wort «Kirma» zu sagen. Sie müssen immer verstehen, diese Leute, wenn ich Karma sage, Kirma. Das ist schrecklich. Sie werden es auch schon gehört haben, dass manche sehr getreue Schüler nun seit einiger Zeit Kirma sagen.»

dass er seine karmische Aufgabe erfüllt, also in das «Haus» einzieht, das er sich im früheren Leben selber gebaut hat.

So wollte ich heute, meine lieben Freunde, die Verträglichkeit von Freiheit und karmischer Notwendigkeit im menschlichen Leben darlegen. Wir werden morgen vom Karma weitersprechen und auf Einzelheiten des Karmas eingehen.[3]

3 Es folgen am Schluss praktische Hinweise: «Ich habe noch zu sagen, dass morgen um fünf Uhr eine eurythmische Darstellung sein wird, die für Sie alle schon deshalb sehr begehrenswert sein wird, da morgen jeder Zuschauer das Befriedigende erleben wird, fünf neue Steffen'sche Gedichte eurythmisiert zu sehen, die früher noch nicht vorgestellt worden sind. Also darf ich Sie mit gutem Gewissen einladen, in der Vorstellung morgen dieses «Karma» anzunehmen, das sich vorbereitet hat in den verschiedenen Proben, die der morgigen Vorstellung vorangegangen sind. Und dann um acht Uhr morgen Abend wird die Fortsetzung des heutigen Vortrags sein.»

Vierter Vortrag

Liebe und Hass

Freude und Unlust, Weltoffenheit und Stumpfheit

Dornach, 24. Februar 1924

Meine lieben Freunde!

Heute möchte ich einige umfassendere Gesichtspunkte in Bezug auf die Entwicklung des Karmas bringen, um dann allmählich immer mehr auf die Dinge einzugehen, die durch spezielle Angaben, wenn ich so sagen soll, veranschaulicht werden können.

Wir müssen uns vorstellen, wenn wir in den Gang des Karmas Einsicht gewinnen wollen, wie der Mensch beim Heruntersteigen aus der geistigen Welt in die physische Welt seine ganze Organisation zusammensetzt. Wir können begreifen, meine lieben Freunde, dass es in der heutigen Sprache keine geeigneten Ausdrücke für Vorgänge gibt, die in der gegenwärtigen Zivilisation ziemlich unbekannt sind, und dass daher die Ausdrücke für das, was da geschieht, nur ungenau sein können.

Wir haben, wenn wir aus der geistigen in die physische Welt zu einem Erdleben heruntersteigen, zunächst unseren physischen Leib durch die Vererbungsströmung vorbereitet. Wir werden sehen, wie dieser physische Leib mit dem zusammenhängt, was der Mensch zwischen dem Tod und einer neuen Geburt erlebt. Für heute kann es uns genügen, wenn wir uns darüber klar sind, dass dieser physische Leib uns von der Erde aus gegeben wird. Dagegen kommen die Glieder der menschlichen Wesenheit, die als höhere Glieder angesprochen werden – der Ätherleib, der Astralleib und das Ich –, aus der geistigen Welt herunter.

Den ätherischen Leib zieht der Mensch aus dem ganzen Weltäther heran, bevor er sich mit dem physischen Leib vereinigt, der ihm durch die Abstammung gegeben wird. Es kann eine Vereinigung des seelisch-geistigen Menschen – von Ich, astralischem und ätherischem Leib – mit dem physischen Menschenembryo nur dadurch erfolgen, dass der ätherische Leib des mütterlichen Organismus sich vom physischen Keim zurückzieht.

Der Mensch vereinigt sich also mit dem physischen Keim, nachdem er seinen Ätherleib aus dem allgemeinen Weltäther herangezogen hat. Die genaueren Beschreibungen dieser Vorgänge werden uns später beschäftigen. Jetzt soll uns interessieren, woher die einzelnen Glieder der menschlichen Wesenheit kommen, die der Mensch während seines Lebens zwischen Geburt und Tod hat:

- Der *physische Organismus* kommt aus der Abstammungsströmung;
- der *ätherische Organismus* kommt aus dem Weltäther, aus dem er herangezogen wird;
- der *astralische Organismus,* der während des Lebens dem Menschen unbewusst oder unterbewusst bleibt, enthält all das, was Erlebnisse des Lebens zwischen dem Tod und einer neuen Geburt sind.

Zwischen dem Tod und einer neuen Geburt ist es so, dass der Mensch nach Maßgabe dessen, was er durch die vorigen Leben geworden ist, in der mannigfaltigsten Weise zu anderen Menschenseelen in Beziehung kommt, die sich auch zwischen dem Tod und einer neuen Geburt befinden, und zu geistigen Wesen höherer Weltordnung, die nicht zur Erde in einen Menschenleib herabsteigen, sondern in der geistigen Welt ihr Dasein haben. All das, was der Mensch aus dem Erdleben hinüberbringt, das findet, je nachdem, wie er war und was er getan hat, die Sympathie oder die Antipathie der Wesen, die er kennenlernt, indem er durch die Welt zwischen dem Tod und einer neuen Geburt durchgeht.

Da ist für das Karma von großer Bedeutung nicht nur, welche Sympathien und Antipathien der Mensch bei höheren Wesen durch das findet, was er im vorigen Leben getan hat, sondern da ist vor allen Dingen von großer Bedeutung, dass der Mensch zu den Menschenseelen in Beziehung kommt, mit denen er auf der Erde in Beziehung war, und dass eine eigentümliche «Spiegelung» zwischen seinem Wesen und den Wesen der Seelen stattfindet, mit denen er auf der Erde in Beziehung war.

Nehmen wir an, jemand hat zu einer Seele, die er zwischen dem Tod und einer neuen Geburt wieder trifft, eine gute Beziehung gehabt. Während des früheren Lebens hat in ihm das gelebt, was eine gute Beziehung begleitet. Dann spiegelt sich diese gute Beziehung in der Seele, wenn diese Seele zwischen dem Tod und einer neuen Geburt angetroffen wird. Es ist wirklich so, dass der Mensch beim Durchgang durch das Leben zwischen Tod und neuer Geburt in den Seelen, mit denen er zusammenlebt, weil er mit ihnen auf der Erde zusammengelebt hat, dass er in diesen Seelen überall sich selbst gespiegelt sieht.

Hat man einem Menschen etwas Gutes getan, so spiegelt sich das von seiner Seele herüber, hat man einem Menschen etwas Böses zugefügt, so spiegelt sich das von seiner Seele herüber. Und man hat das Gefühl – wenn ich mich da des Ausdrucks «Gefühl» bedienen darf mit der Einschränkung, die ich gemacht habe –, man hat das Gefühl: Du hast diese Menschenseele gefördert; was du durch die Förderung erlebt hast, was du empfunden hast für diese Menschenseele, was aus deinen Empfindungen heraus zu deinem Verhalten geführt hat, deine eigenen inneren Erlebnisse während der Tat dieser Förderung, sie kommen zurück von dieser Seele, sie spiegeln sich von dieser Seele ab. Eine andere Seele hast du geschädigt; was in dir gelebt hat während dieser Schädigung, das spiegelt sich ab.

Man hat vor sich wie in einem mächtigen, ausgebreiteten Spiegelungsapparat sein letztes Leben aus den Seelen gespiegelt, mit denen man zusammen war. Und man hat gerade bezüglich seines letzten Lebens den Eindruck: Das alles ist von einem fortgegangen. Zwischen dem Tod und einer neuen Geburt hat man längst das Ich-Gefühl verloren, das man auf der Erde im Leib gehabt hat. Man bekommt aber das Ich-Gefühl von dieser ganzen Spiegelung zurück. Man lebt mit der Spiegelung seiner Taten in all den Seelen auf, mit denen man im Leben zusammen war.

Auf der Erde war das Ich im Leib wie ein Punkt, hier, zwischen dem Tod und einer neuen Geburt, spiegelt es sich überall aus dem Umkreis. Es ist ein inniges Zusammensein mit den anderen Seelen, aber ein Zusammensein nach Maßgabe der Beziehungen, die man mit ihnen angeknüpft hat. Das ist alles in der geistigen Welt eine Realität. Wenn wir durch einen Raum gehen, der viele Spiegel hat, sehen wir uns in jedem Spiegel gespiegelt. Aber wir wissen auch: Das bleibt im gewöhnlichen Menschenleben nicht da. Wenn wir weggehen, bleibt es nicht da, wir spiegeln uns nicht mehr. Das aber, was sich nach dem Tod in den Menschenseelen spiegelt, das bleibt, das bleibt vorhanden.

Und es kommt dann im letzten Drittel des Lebens zwischen dem Tod und einer neuen Geburt eine Zeit, da bilden wir uns aus diesen Spiegelbildern unseren astralischen Leib. Da ziehen wir das zu unserem astralischen Leib zusammen, sodass wir, wenn wir von der geistigen Welt in die physische Welt heruntersteigen, in unserem Astralleib das tragen, was wir wieder in uns aufgenommen haben nach der Spiegelung, die unsere Taten des vorigen Lebens in anderen Seelen zwischen dem Tod und der neuen Geburt gefunden haben. Das gibt uns die Impulse, die uns zu den Menschenseelen hindrängen, mit denen wir im physischen Leib wieder geboren werden.

Und auf diese Art – wir werden noch ausführlicher den Vorgang zu beschreiben haben, indem wir auch auf das Ich Rücksicht nehmen –, auf diese Art bildet sich zwischen Tod und neuer Geburt der Impuls zum Karma für das neue Leben aus. Und da lässt sich verfolgen, wie ein Impuls des einen Lebens in das andere Leben hinüberwirkt.

Nehmen wir zum Beispiel den Impuls der Liebe. Wir können unsere Taten den anderen Menschen gegenüber aus dem heraus verrichten, was wir Liebe nennen. Es ist ein Unterschied, ob wir unsere Taten aus einem bloßen Pflichtgefühl heraus verrichten, aus Konvention, aus Anstand und so weiter, oder ob wir sie aus einer größeren oder geringeren Liebe heraus verrichten. Nehmen wir an, ein Mensch bringt es dazu, in einem Leben Handlungen zu tun, die von der Liebe getragen sind, die durchwärmt sind von der Liebe. Das bleibt als Kraft in seiner Seele vorhanden.

Was der Mensch als Ergebnis seiner Taten mitnimmt und was sich nach dem Tod in den anderen Seelen spiegelt,

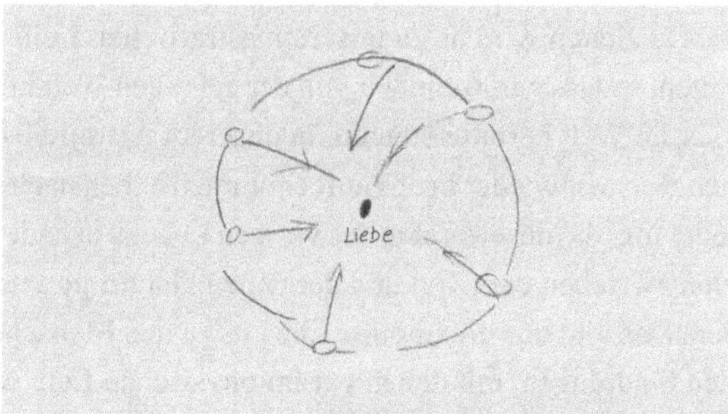

das kommt auf ihn als Spiegelbild zurück (s. Tafel S. 166). Und indem er sich seinen astralischen Leib daraus bildet, mit dem er zur Erde herunterkommt, wandelt sich die Liebe des vorigen Lebens, die von dem Menschen ausgeströmt ist, von den anderen Menschen zurückkommend, in Freude.

Indem der Mensch seinem Mitmenschen gegenüber in einem Leben irgendetwas tut, was von Liebe getragen ist, wobei die Liebe von ihm ausströmt und mit den Taten mitgeht, die den anderen Menschen fördern, ist die Metamorphose beim Durchgang durch das Leben zwischen dem Tod und einer neuen Geburt so, dass die in einem Leben ausströmende Liebe im nächsten Leben sich metamorphosiert, sich verwandelt in von den Menschen heranströmende Freude.

Erleben wir in einem Leben durch einen Menschen Freude, meine lieben Freunde, so können wir sicher sein, dass diese Freude das Ergebnis der Liebe ist, die wir ihm gegenüber in einem vorigen Leben entfaltet haben. Diese Freude strömt während des Lebens wieder in unsere Seele zurück. Wir kennen das innerlich Erwärmende der Freude. Wir wissen, was Freude im Leben für eine Bedeutung hat, Freude insbesondere, die von Menschen kommt. Sie wärmt das Leben, sie trägt das Leben, sie gibt dem Leben Schwingen. Sie ist karmisch das Ergebnis aufgewendeter Liebe.

Aber wir erleben an der Freude wieder eine Beziehung zum anderen Menschen, der uns Freude macht. Wir haben im früheren Leben innerlich etwas gehabt, was die Liebe ausströmen ließ; im folgenden Leben haben wir als Ergebnis, es innerlich erlebend, die Wärme der Freude. Das ist wieder etwas, was von uns ausströmt. Ein Mensch, der im Leben Freude erleben darf, ist für die anderen Menschen wieder etwas, was erwärmende Bedeutung hat. Ein Mensch, der Gründe dafür hat, freudelos durch das Leben zu gehen, ist anders zu den anderen Menschen als ein Mensch, der in Freuden durch das Leben gehen darf.

Das aber, was da in der Freude erlebt wird zwischen der Geburt und dem Tod, das spiegelt sich wieder in den verschiedensten Seelen, mit denen man auf der Erde zusammen war und die jetzt auch im Leben zwischen Tod und neuer Geburt sind. Und dieses Spiegelbild, das in vielfacher Weise dann von den Seelen der uns bekannten Menschen kommt, das wirkt wieder zurück. Wir tragen es wieder in unserem Astralleib, wenn wir zum nächsten Leben – also jetzt sind wir beim dritten Leben – heruntersteigen. Und es wird wieder eingeschaltet, eingeprägt unserem Astralleib.

Jetzt wird es in seinem Ergebnis zur Grundlage, zum Impuls des leichten Verstehens von Mensch und Welt. Es wird zur Grundlage der Seelenverfassung, die uns dadurch trägt, dass wir die Welt verstehen. Wenn wir Verständnis für das Verhalten der Menschen haben, wenn wir das interessante Verhalten der Menschen in einer Inkarnation verstehen, so weist uns das zurück auf die Freude der vorhergehenden und auf die Liebe der weiter vorangehenden Inkarnation.

Menschen, die mit freiem, offenem Sinn so durch die Welt gehen, dass der freie, offene Sinn die Welt in sie so einströmen lässt, dass sie für die Welt Verständnis haben, das sind Menschen, die sich diese Stellung zur Welt durch Liebe und durch Freude errungen haben.

Das ist etwas ganz anderes, was wir in den Taten aus Liebe heraus tun, als das, was wir aus starrem, trockenem Pflichtgefühl heraus tun.

Sie wissen, dass ich in meinen Schriften immer darauf gesehen habe, die Taten, die aus der Liebe kommen, als die eigentlich ethischen, als die eigentlich moralischen aufzufassen. Ich habe oft auf den großen Gegensatz hingewiesen, der in dieser Beziehung zwischen Kant und Schiller besteht. Kant hat im Leben und in der Erkenntnis alles «verkantet». Es ist alles eckig und kantig in der Erkenntnis durch Kant geworden, und so auch das menschliche Handeln: Pflicht, du erhabener großer Name, der du nichts in dir hast, was einschmeichelnd wirkt,[4] und so weiter. Ich habe die Stelle in meiner *Philosophie der Freiheit* zum geheuchelten Ärger vieler Gegner – nicht zum wirklichen, sondern zum geheuchelten Ärger vieler Gegner – zitiert und habe das dagegengestellt, was ich als meine Anschauung anerkennen muss: Liebe, du warm zur Seele sprechender Impuls, und so weiter.[5]

Schiller hat gegenüber dem starren, trockenen Pflichtbegriff Kants die Worte geprägt: «Gerne dien ich den Freunden, doch thu ich es leider mit Neigung, und so wurmt es mir oft, dass ich nicht tugendhaft bin.» (*Musen-Almanach für das Jahr 1797,* «Gewissensscrupel»). Nach kantischer Ethik ist das, was man aus Neigung tut, nicht tugendhaft, sondern das ist tugendhaft, was man aus dem starren Pflicht-

---

4 «Pflicht! du erhabener großer Name, der du nichts Beliebtes, was Einschmeichelung bei sich führt, in dir fassest, sondern Unterwerfung verlangst ...» (*Kritik der praktischen Vernunft,* 1788, S. 154, 1. Teil, 1. Buch, 3. Hauptstück).

5 «Wenn Kant von der Pflicht sagt: ‹Pflicht! du erhabener, großer Name, der du nichts Beliebtes, was Einschmeichelung bei sich führt, in dir fassest, sondern Unterwerfung verlangst ...›, so erwidert der Mensch aus dem Bewußtsein des freien Geistes: ‹Freiheit! du freundlicher, menschlicher Name, der du alles sittlich Beliebte, was mein Menschentum am meisten würdigt, in dir fassest, und mich zu niemandes Diener machst, der du nicht bloß ein Gesetz aufstellst, sondern abwartest, was meine sittliche Liebe selbst als Gesetz erkennen wird, weil sie jedem nur auferzwungenen Gesetze gegenüber sich unfrei fühlt.›» (*Die Philosophie der Freiheit,* Kap.IX).

gefühl heraus tut. Es gibt Menschen, die kommen nicht zum Lieben. Weil sie nicht aus Liebe dem anderen Menschen die Wahrheit sagen können – man sagt dem anderen Menschen, wenn man Liebe für ihn hat, die Wahrheit und nicht die Lüge –, aber weil sie nicht lieben können, sagen sie die Wahrheit aus Pflichtgefühl. Weil sie nicht lieben können, vermeiden sie es aus Pflichtgefühl, den anderen zu prügeln oder mit Ohrfeigen zu traktieren und dergleichen, wenn er irgendetwas tut, was ihnen nicht gefällt.

Es ist ein Unterschied zwischen dem Handeln aus starrem Pflichtbegriff und den Taten der Liebe. Was Taten sind, die aus starrem Pflichtgefühl, aus Konvention oder «weil es sich so schickt» getan werden, die rufen im nächsten Leben nicht Freude hervor, sondern sie rufen im nächsten Leben das hervor – indem sie so, wie wir es geschildert haben, durch jene Spiegelung durch die Seelen gehen –, sie rufen im nächsten Leben das hervor, was man nennen kann: Man spürt, man ist den Menschen mehr oder weniger gleichgültig.

Was mancher durch das Leben trägt, dass er den Menschen gleichgültig ist und darunter leidet – man leidet mit Recht darunter, wenn man den anderen Menschen gleichgültig ist, denn die Menschen sind füreinander da, der Mensch ist darauf angewiesen, dass er dem anderen Menschen nicht gleichgültig ist –, das, was man da erleidet, das ist das Ergebnis des Mangels an Liebe in einem vorigen Leben, in dem man sich deshalb als anständiger Mensch betragen hat, weil die starre Pflicht wie ein Damoklesschwert über einem hing – ich will nicht sagen wie ein stählernes Schwert, denn das wäre für die meisten Pflichtmenschen beunruhigend, sondern wie ein hölzernes Schwert. Da sind wir beim zweiten Erdleben:

- Was von der *Liebe* als *Freude* zurückkommt, das wird im dritten Erdleben ein *offenes, freies Herz,* das uns die Welt nahebringt, das uns für alles Schöne, Wahre und Gute den freien, einsichtsvollen Sinn gibt;
- was als *Gleichgültigkeit* von anderen Menschen zu uns strömt und was wir dadurch erleben, dass wir *Pflichtmenschen* in einem vorigen Leben waren, das macht uns für das nächste, also für das dritte Leben zu einem Menschen, der *nichts Rechtes mit sich anzufangen weiß.*

Wenn ein solcher Mensch in die Schule kommt, weiß er nicht, was er mit dem anfangen soll, was die Lehrer mit ihm tun. Wenn er etwas älter wird, weiß er nicht, ob er Schlosser oder Hofrat werden soll. Er weiß im Leben nichts mit sich anzufangen. Er geht ohne Orientierung, ohne Richtung im Leben dahin. In Bezug auf die Anschauung der äußeren Welt ist er nicht gerade stumpf, er kann zum Beispiel Musik verstehen. Aber er hat keine Freude daran, es ist ihm schließlich gleichgültig, ob es gute oder schlechte Musik ist. Er empfindet die Schönheit irgendeines malerischen oder sonstigen Werkes, aber immer kratzt es ihn in der Seele: Wozu eigentlich das alles? Das sind die Dinge, die sich im dritten Leben wieder im karmischen Zusammenhang einstellen.

Nehmen wir aber an, ein Mensch begeht gewisse Schädigungen seiner Mitmenschen aus Hass oder aus einer Neigung zur Antipathie heraus.

Man kann an alle Stufen denken, welche dabei vorkommen können. Es kann jemand mit verbrecherischem Hassgefühl seine Mitmenschen schädigen. Er kann aber auch, ich lasse die Zwischenstufen aus, er kann aber auch ein Kritiker sein. Man muss, um Kritiker zu sein, immer ein bisschen hassen, wenn man nicht ein lobender Kritiker ist – und die sind heute selten, denn das ist nicht interessant, die Leute anzuerkennen. Interessant wird es, wenn man Witze über die Leute macht.

Da gibt es alle möglichen Zwischenstufen, aber es ist all das an Menschentaten aufzufassen, was aus Antipathie, aus einer kalten Antipathie, über die man sich oft gar nicht klar wird, bis zum Hass hin hervorgeht. All das, was von Menschen in dieser Weise gegenüber anderen Menschen oder selbst gegenüber untermenschlichen Wesen bewirkt wird, all das lädt sich wieder in Seelenzuständen ab, die sich im Leben zwischen dem Tod und einer neuen Geburt spiegeln. Und da kommt dann im nächsten Leben aus dem Hass das heraus, was uns von der Welt als leidvolles Wesen zuströmt, als Unlust, die von außen verursacht wird – als das Gegenteil der Freude.

Mancher wird sagen: Wir erleben so viel Leid – soll das alles von größerem oder geringerem Hass im vorigen Leben herrühren? Ich kann von mir unmöglich denken, dass ich ein so schlechter Kerl gewesen bin, dass ich so viel Unlust erleben kann, weil ich so viel gehasst habe!

Wenn wir auf diesem Gebiet vorurteilslos denken wollen, dann müssen wir uns klarmachen, wie groß die Illusion ist, die uns wohltut und der wir uns daher sehr leicht hingeben, wenn es sich darum handelt, uns irgendwelche Antipathiegefühle gegen andere Menschen abzusuggerieren. Die Menschen gehen mit viel mehr Hass, wenigstens mit viel mehr Antipathie, durch die Welt, als sie denken. Und es ist so: Der Hass wird gewöhnlich gar nicht erlebt, weil er der Seele eine Befriedigung gibt. Er wird zugedeckt durch die Befriedigung. Wenn er aber als Leid zurückkommt, das uns von außen zuströmt, dann wird er bemerkt.

Aber denken wir, meine lieben Freunde, um uns in einer ganz trivialen Art die Möglichkeiten vorzustellen, die da vorliegen, denken wir an einen Kaffeeklatsch, an einen richtigen Kaffeeklatsch, wo ein halbes Dutzend – es genügt schon – irgendwelcher Tanten sitzen, es können auch Onkel sein, und über ihre Mitmenschen sich ergehen. Denken wir daran! Denken wir, wie viel da an Antipathie in anderthalb Stunden, manchmal dauert es länger, auf die Menschen abgeladen wird. Indem das ausströmt, bemerken es die Leute nicht, aber wenn es im nächsten Leben zurückkommt, da wird es sehr wohl bemerkt. Und es kommt unweigerlich zurück. Sodass ein Teil – nicht alles, wir werden noch andere karmische Zusammenhänge kennenlernen –, ein Teil dessen, was wir in einem Leben an von außen zugefügtem Leid empfinden, von unseren Antipathiegefühlen in früheren Leben herrührt.

Bei alldem müssen wir uns natürlich klar sein, dass das Karma, dass irgendeine karmische Strömung irgendwo anfangen muss. Wenn wir zum Beispiel hier hintereinander liegende Leben haben und dieses *d* (s. nächste Seite; Tafel S. 166) das gegenwärtige Leben ist, so muss natürlich nicht aller Schmerz, der von außen auf uns zukommt, im früheren Leben begründet sein. Es kann auch ein ursprünglicher Schmerz sein, der sich dann erst im nächsten Leben karmisch auslebt. Deshalb sagen wir: Ein großer Teil des Leides, das uns von außen zuströmt, ist die Folge von Hass, der in früheren Leben aufgebracht worden ist.

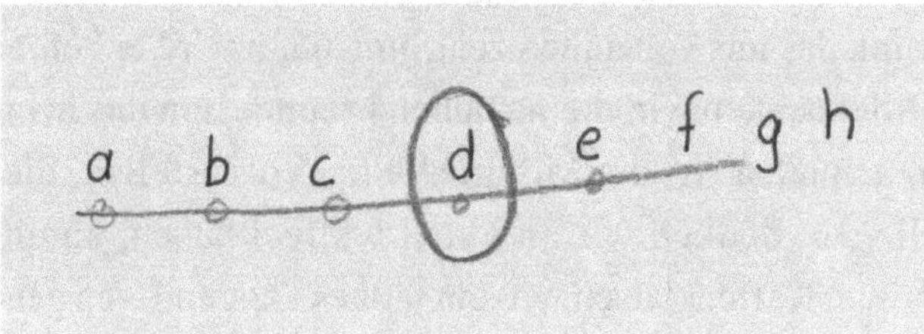

Wenn wir zum dritten Leben übergehen, dann ist das Ergebnis dessen, was uns da als Leid zuströmt – aber nur jenes Leides, das uns aus aufgespeichertem Hass zukommt –, dann ist das Ergebnis dieses Leides, was sich dann in der Seele ablädt, für das nächste Leben eine Art Stumpfheit des Geistes, eine Art Stumpfheit in Bezug auf die Einsicht in die Welt. Wer gleichgültig und phlegmatisch der Welt gegenübersteht, wer nicht mit offenem Herzen den Dingen oder den Menschen gegenübersteht, bei dem liegt oft das vor, dass er sich diese Stumpfheit durch das in seinem eigenen Karma verursachte Leid eines vorigen Lebens erworben hat, das aber, wenn es in dieser Weise in einer stumpfen Seelenverfassung sich ausdrückt, auf Hassgefühle im drittletzten Leben zurückgeht. Wir können immer sicher sein: Töricht zu sein in einem Leben ist immer die Folge von Hass in einem bestimmten früheren Leben.

Aber das Verständnis für das Karma, meine lieben Freunde, soll nicht nur darauf beruhen, dass wir das Karma zum Begreifen des Lebens auffassen, sondern dass wir es auch als Impuls des Lebens auffassen, dass wir uns bewusst sind, dass es mit dem Leben nicht bloß ein *a b c d* gibt, sondern auch ein *e f g h* (s. Zeichnung): dass auch kommende Leben da sind und dass das, was wir im gegenwärtigen Leben an Inhalt in unserer Seele entwickeln, Wirkungen, Erlebnisse im nächsten Leben haben wird:

- Wenn jemand im drittnächsten Leben besonders *töricht* sein will, braucht er nur im gegenwärtigen Leben sehr viel zu *hassen;*
- wenn er aber im drittnächsten Leben einen freien, *offenen Sinn* haben will, braucht er nur in diesem Leben besonders viel zu *lieben.*

Erst dadurch gewinnt die Einsicht, die Erkenntnis des Karmas einen Wert, dass sie in unseren Willen für die Zukunft einströmt und in diesem Willen eine Rolle für die Zukunft spielt. Es ist so, dass gegenwärtig der Zeitpunkt für die Menschheitsentwicklung vorhanden ist, wo nicht mehr in derselben Art das Unbewusste weiterwirken kann, wie das früher der Fall war, wo unsere Seelen durch frühere Leben gegangen sind. Die Menschen werden immer freier und bewusster. Seit dem ersten Drittel des 15. Jahrhunderts haben wir das Zeitalter, in dem die Menschen immer freier und bewusster werden. Es werden die Menschen der Gegenwart schon im nächsten Leben ein dunkles Gefühl der vorigen Leben haben.

Wie der heutige Mensch, wenn er an sich bemerkt, dass er nicht besonders klug ist, das nicht sich selbst, sondern seiner «Anlage» zuschreibt, es nach der Ansicht des heutigen Materialismus in seiner physischen Natur sucht, so werden die Menschen, die aus den Gegenwartsmenschen wiederkommen, wenigstens ein dunkles Gefühl haben, das sie beunruhigen wird: Wenn sie nicht besonders klug sind, so muss irgendetwas gewesen sein, was mit Hass- und Antipathiegefühlen zusammenhängt.

Wenn wir heute von einer Waldorfpädagogik reden, müssen wir der gegenwärtigen Zivilisation Rechnung tragen. Da können wir noch nicht in voller Offenheit so erziehen, dass wir für das Bewusstsein der wiederholten Leben erziehen, denn die Menschen haben heute nicht einmal ein dunkles Gefühl für die wiederholten Erdleben. Aber die Ansätze, die gerade in der Waldorfpädagogik gemacht werden, sie werden sich, wenn sie aufgenommen werden, in den nächsten Jahrhunderten dahin weiterentwickeln, dass man das in die ethische, in die moralische Erziehung einbeziehen wird.

Ein wenig begabtes Kind geht zurück auf frühere Leben, in denen es viel gehasst hat. Und man wird anhand der Geisteswissenschaft suchen, welche Menschen es gehasst hat, denn die müssen sich in seiner Umgebung wieder finden, die Menschen, die von ihm gehasst worden sind, denen gegenüber Taten aus Hass begangen worden sind. Man wird die Erziehung in den kommenden Jahrhunderten immer mehr ins Menschenleben hineinstellen.

Man wird bei einem Kind sehen, woher sich im Leben zwischen Tod und neuer Geburt das gespiegelt hat, was sich in diesem Leben in seiner Metamorphose als Unverstand auslebt. Dann wird man etwas dafür tun können, dass im kindlichen Alter zu den Menschen eine besondere Liebe entwickelt wird, zu denen im früheren Leben ein besonderer Hass vorhanden war. Und man wird sehen, dass durch eine solche konkret aufgewendete Liebe der Verstand, überhaupt die ganze Seelenverfassung sich aufhellen wird.

Nicht in allgemeinen Theorien über das Karma wird das liegen, was der Erziehung helfen kann, sondern in dem konkreten Hineinschauen in das Leben, um zu bemerken, wie die karmischen Zusammenhänge sind. Man wird bemerken, dass Kinder vom Schicksal in eine Klasse zusammengetragen werden. Das ist nicht gleichgültig.

Und wenn man über jene Sorglosigkeit hinauskommen wird, die heute in Bezug auf solche Dinge herrscht, wo man das, was an «Menschenmaterial» – wie man es oft nennt – in einer Klasse zusammengewürfelt ist, so auffasst, als ob es vom Zufall zusammengewürfelt, nicht vom Schicksal zusammengetragen wäre, wenn man über diese Sorglosigkeit hinauskommen wird, dann wird man gerade als Erzieher in Aussicht nehmen können, was da für merkwürdige karmische Fäden von dem einen zu dem anderen Leben gesponnen sind.

Und dann wird man in die Entwicklung der Kinder das hineinnehmen, was ausgleichend wirken kann. Denn Karma ist etwas, was einer ehernen Notwendigkeit unterliegt. Wir können aus einer ehernen Notwendigkeit heraus die Reihe aufstellen (s. Tafel S. 166, oben):

Liebe – Freude – offenes Herz;
Antipathie oder Hass – Leid –Torheit.

Das sind unbedingte Zusammenhänge. Aber es ist auch so, dass gerade wie man bei der Art, wie ein Fluss läuft (s. Tafel S. 166, unten), einer unbedingten Notwendigkeit gegenübersteht und dennoch Flüsse reguliert hat, ihnen einen an-

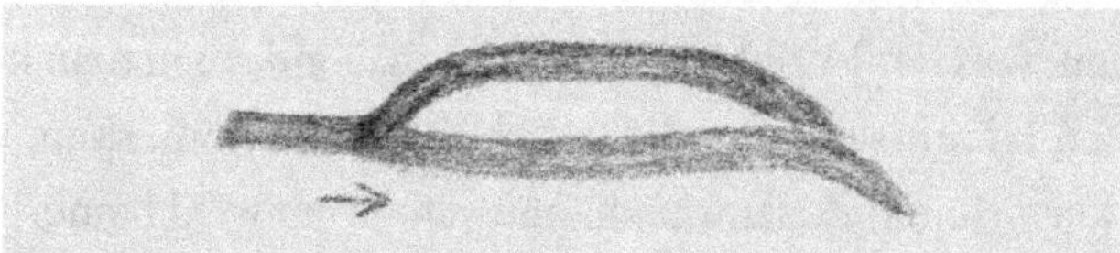

deren Lauf gegeben hat (Pfeil), so ist es auch möglich, die karmische Strömung zu regulieren, in sie hineinzuwirken. Das ist auch möglich.

Wenn wir also im kindlichen Alter bemerken, da ist eine Anlage zur Torheit, und wir kommen darauf, das Kind anzuleiten, in seinem Herzen besonders Liebe zu entwickeln, wenn wir entdecken – und das wäre für Menschen, die eine feine Lebensbeobachtung haben, schon heute möglich –, wenn wir entdecken, mit welchen anderen Kindern das Kind karmisch verwandt ist, und es dazu bringen, gerade diese Kinder zu lieben, ihnen gegenüber Taten der Liebe zu tun, dann werden wir sehen, dass wir in der Liebe ein Gegengewicht der Antipathie geben können, dass wir damit für ein nächstes Leben die Torheit verbessern können.

Es gibt instinktgeschulte Erzieher, die so etwas aus ihrem Instinkt heraus tun, die schlecht veranlagte Kinder dazu bringen, lieben zu können, und sie dadurch allmählich zu auffassungsfähigeren Menschen heranerziehen. Diese Dinge machen erst die Einsicht in die karmischen Zusammenhänge zu etwas dem Leben Dienlichem.

Bevor wir in der Betrachtung von Einzelheiten des Karmas weitergehen, müssen wir noch eine Frage vor unsere Seele stellen, die Frage: Was ist der Mensch, dem gegenüber wir uns in einem karmischen Zusammenhang wissen? Wir müssen da einen Ausdruck gebrauchen, der heute oft in einem etwas spöttischen Sinne gebraucht wird: Ein solcher Mensch ist ein «Zeitgenosse». Er ist zu gleicher Zeit mit uns auf der Erde.

Wenn wir dies bedenken, werden wir uns sagen: Wenn wir in einem Leben mit gewissen Menschen zusammen sind, so waren wir auch in einem früheren Leben wenigs-

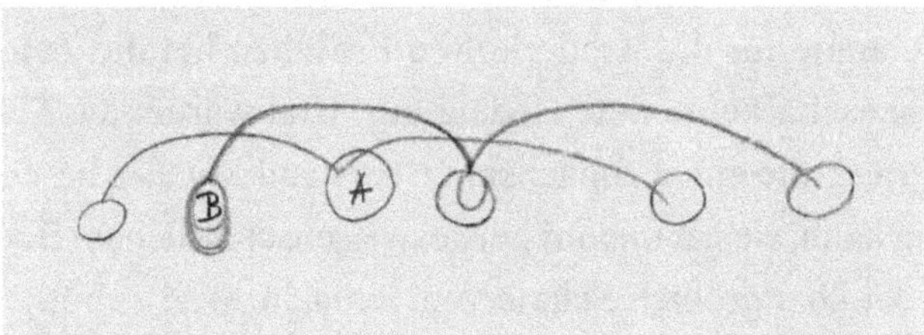

tens im Allgemeinen – die Dinge können sich auch etwas verschieben – und in einem noch früheren Leben mit diesen Menschen zusammen. Diejenigen, die 50 Jahre später leben als wir, die waren wiederum mit Menschen zusammen im früheren Leben. Im Allgemeinen werden die Menschen der B-Reihe (s. Tafel S. 167) mit den Menschen der A-Reihe nicht zusammenkommen nach diesem Gedanken, den wir hier entwickelt haben. Das ist vielleicht ein bedrückender Gedanke, aber es ist ein wahrer Gedanke.

Über andere Fragen, die sich dadurch ergeben, dass die Menschen oft sagen: Die Menschheit vermehrt sich auf der Erde und so weiter, werden wir später sprechen. Wir möchten uns jetzt diesen Gedanken nahebringen: Es ist tatsächlich so, dass das fortlaufende Leben der Menschen auf der Erde in Rhythmen sich vollzieht. Ein «Menschenschub» (s. Zeichnung S. 103, «B»; Tafel S. 167) geht im Allgemeinen von einem Leben zum anderen fort, ein anderer Menschenschub («A») geht von einem Leben zum anderen fort. Sie sind voneinander getrennt, sie finden im Leben nicht zusammen. In dem langen Leben zwischen dem Tod und einer neuen Geburt finden sie schon zusammen, aber im Erdleben ist es so, dass wir immer mit einem beschränkten Kreis von Menschen auf die Erde herunterkommen.

Gerade für die wiederholten Erdleben hat die Zeitgenossenschaft eine tiefe Bedeutung. Und warum das? Diese Frage, die einen zunächst nur verstandesmäßig beschäftigen kann, sie hat mir auf geisteswissenschaftlichem Boden die denkbar größten Schmerzen gemacht, weil es nötig ist, über diese Frage die Wahrheit herauszubringen, den inneren Sachverhalt herauszubringen. Und da kann man sich fragen – verzeihen Sie, dass ich ein Beispiel gebrauche, das für mich nur in Bezug auf die Untersuchung eine Rolle spielt –, da kann man sich fragen: Warum bist du nicht ein Zeitgenosse von Goethe? Dadurch, dass du nicht ein Zeitgenosse von Goethe bist, kannst du nach dieser Wahrheit im Allgemeinen schließen, dass du niemals mit Goethe zusammen auf der Erde gelebt hast. Er gehört zu einem anderen Schub von Menschen. Was steckt dahinter?

Da muss man die Frage umkehren, aber um eine solche Frage umzukehren, muss man einen offenen, freien Sinn für menschliches Zusammenleben haben. Man muss sich fragen – und über diese Frage werden wir in der nächsten Zeit hier sehr viel zu reden haben –, man muss sich fragen: Wie ist es denn eigentlich, Zeitgenosse eines Menschen zu sein? Und wie ist es für das Leben, von einem Menschen nur aus der Geschichte wissen zu können?

Da muss man einen freien, offenen Sinn für die Beantwortung der intimen Frage haben: Wie ist es mit allen inneren Begleiterscheinungen der Seele, wenn ein Zeitgenosse mit dir spricht, Handlungen verrichtet, die an dich herankommen, wie ist das? Und man muss, nachdem man sich die nötige Erkenntnis erworben hat, das dann damit vergleichen, wie das wäre, wenn man mit einer Persönlichkeit zusammenkäme, die nicht ein Zeitgenosse ist, die vielleicht in keinem Leben ein Zeitgenosse war, die man deshalb doch aufs Höchste verehrt, viel mehr als alle Zeitgenossen, wie das wäre, wenn man mit ihr als Zeitgenosse zusammentreffen würde.

Also wie wäre es, wenn ich ein Zeitgenosse von Goethe wäre? Wenn man kein gleichgültiger Mensch ist – selbstverständlich, wenn man ein gleichgültiger Mensch ist und kein Verständnis für das hat, was ein Zeitgenosse ist, dann kann man sich auch nicht gut eine Antwort auf diese Frage geben –, aber wenn man kein gleichgültiger Mensch ist, dann kann man fragen: Wie wäre es, wenn ich in der Schillergasse von Weimar gegen den Frauenplan hinuntergehen würde und mir «der dicke Geheimrat» entgegenkommt, meinetwillen im Jahr 1826, 1827? Man weiß ganz gut, das würde man nicht vertragen!

Den Zeitgenossen verträgt man, den, mit dem man nicht Zeitgenosse ist, verträgt man nicht. Er wirkt wie vergiftend auf das Seelenleben. Man verträgt ihn, indem man nicht sein Zeitgenosse ist, sondern sein Nachfolger oder sein Vorgänger.

Wenn man für diese Dinge keine Empfindung hat, bleiben sie im Unbewussten. Man kann sich aber vorstellen, dass einer eine feine Empfindung für das Geistige hat und weiß: Wenn er die Schillerstraße in Weimar gegen den Frauenplan hinunterginge und dem dicken Geheimrat Goethe mit dem Doppelkinn als Zeitgenosse begegnen würde, würde er sich innerlich unmöglich fühlen. Derjenige aber, der keine Empfindung dafür hat, der würde ihn vielleicht «grüßen».

Diese Dinge sind nicht aus dem Erdleben, weil die Gründe, warum wir nicht Zeitgenossen irgendeines Menschen sein können, nicht innerhalb des Erdlebens sind. Weil man da schon in geistige Zusammenhänge hineinschauen muss, deshalb nehmen sie sich für das Erdleben paradox aus. Aber es ist so, es ist durchaus so. Ich kann Ihnen die Versicherung geben, ich habe in wahrer Liebe eine Einleitung zu Jean Paul geschrieben, die in der Cotta'schen Bibliothek der Weltliteratur erschienen ist. Hätte ich aber jemals in Bayreuth mit Jean Paul selbst zusammen sitzen müssen – ich hätte ganz bestimmt Magenkrämpfe bekommen. Das hindert nicht, dass man für ihn die höchste Verehrung hat.

Das ist für jeden Menschen der Fall, nur bleibt es bei den meisten Menschen im Unbewussten, bleibt im astralischen oder ätherischen Leib, greift nicht auch in den physischen Leib ein. Denn das seelische Erlebnis, das in den physischen Leib eingreift, muss zum Bewusstsein kommen. Aber wir müssen uns klar darüber sein, meine lieben Freunde: Ohne das geht es nicht ab, wenn wir Erkenntnisse über die geistige Welt gewinnen wollen, dass wir Dinge zu hören bekommen, die grotesk, die paradox erscheinen, weil die geistige Welt anders ist als die physische Welt.

Natürlich kann jemand leicht spotten, wenn behauptet wird: Wenn ich Zeitgenosse von Jean Paul gewesen wäre, hätte ich Magenkrämpfe bekommen, wenn ich mit ihm zusammengesessen wäre. Das ist natürlich für die philiströse Welt des irdischen Lebens ganz selbstverständlich. Aber die Gesetze der philiströsen Welt gelten nicht für die geistigen Zusammenhänge. Man muss sich daran gewöhnen, in anderen Denkformen zu denken, wenn man die geistige Welt verstehen will. Man muss sich daran gewöhnen, Überraschendes zu erleben.

Wenn das gewöhnliche Bewusstsein Goethe liest, so kann es sich natürlich gedrängt fühlen, zu sagen: Den hätte ich gern auch persönlich kennengelernt, ihm die Hand gedrückt, und dergleichen. Das ist aber eine Gedankenlosigkeit, denn es gibt Gesetze, nach denen wir für ein bestimmtes Zeitalter vorbestimmt sind und nur in diesem Zeitalter leben können. Geradeso wie wir für einen bestimmten Luftdruck für unseren physischen Leib vorbestimmt sind und uns nicht über die Erde bis zu einem Luftdruck erheben können, der uns nicht genehm ist, ebenso wenig kann ein Mensch, der für das 20. Jahrhundert bestimmt ist, im Zeitalter Goethes leben.

Das ist das, was ich zunächst über das Karma habe vorbringen wollen. Wir werden mit diesen Betrachtungen dann am nächsten Samstag und Sonntag fortfahren.

Fünfter Vortrag

Gesundheit und Krankheit

Wie das Innere zum Äußeren wird

Dornach, 1. März 1924

Meine lieben Freunde!

Wenn wir über das Karma im Einzelnen sprechen, so müssen wir zwischen den karmischen Ereignissen unterscheiden, die im Menschenleben mehr von außen an den Menschen herantreten, und denjenigen, die im Menschen von innen aufsteigen. Das Schicksal des Menschen setzt sich aus den allerverschiedensten Faktoren zusammen. Das Schicksal des Menschen ist abhängig

- von seiner *physischen und ätherischen Konstitution,*
- von dem, was er nach seiner *astralischen Konstitution* an Sympathie und Antipathie der Außenwelt entgegenbringt – und was man ihm wiederum nach seiner Beschaffenheit an Sympathie und Antipathie entgegenbringt;
- von den allerallermannigfaltigsten Verwicklungen und Verstrickungen, in die er nach seiner *Ich-Konstitution* auf seinem Lebensweg verwoben wird.

Das alles ergibt für irgendeinen Zeitpunkt oder für das ganze Leben die Schicksalslage des Menschen. Wir wollen versuchen, das Gesamtschicksal des Menschen aus den einzelnen

Faktoren zusammenzusetzen. Dazu wollen wir heute den Ausgangspunkt von gewissen inneren Faktoren im Menschen nehmen. Wir wollen auf jenen Faktor sehen, der da in vieler Beziehung in erster Linie ausschlaggebend ist: die Gesundheits- und Krankheitslage des Menschen und das, was als Unterlage für die Gesundheits- und Krankheitslage dann in seiner seelischen Stärke zur Wirkung kommt, mit der er seine Aufgaben erfüllen kann, und so weiter.

Will man aber diese Faktoren in der rechten Weise beurteilen, dann muss man über vieles, was in den heutigen Zivilisationsvorurteilen enthalten ist, hinwegsehen können. Man muss mehr auf die ursprüngliche Wesenheit des Menschen eingehen, man muss eine Einsicht darin gewinnen, was es heißt, dass der Mensch seinem tieferen Wesen nach aus geistigen Welten zum physischen Dasein heruntersteigt.

Heute ist auch schon in die Kunst, zum Beispiel in die Dichtung, das eingezogen, was man unter dem Begriff der «Vererbung» zusammenfasst. Wenn jemand mit bestimmten Eigenschaften in der Welt auftritt, fragt man nach der Vererbung. Wenn jemand mit Krankheitsanlagen auftritt, fragt man: Wie steht es mit den Vererbungsverhältnissen? Das ist eine berechtigte Frage. Aber so wie man sich heute zu diesen Dingen verhält, sieht man eigentlich an dem Menschen vorbei. Man sieht völlig an dem Menschen vorbei, man sieht nicht auf das, was des Menschen wahres Wesen ist und wie sich dieses Wesen entfaltet.

Man sagt: Der Mensch ist das Kind seiner Eltern, ist der Nachkomme seiner Vorfahren. Das sieht man auch. Man sieht es schon in der äußeren Physiognomie auftreten, noch mehr in den Gebärden sieht man die Ähnlichkeit mit den Vorfahren auftreten. Aber nicht nur das: Man sieht auch, wie der Mensch seinen physischen Organismus als Produkt dessen hat, was ihm die Vorfahren geben. Er trägt diesen physischen Organismus an sich. Und man weist heute stark, sehr stark darauf hin, dass der Mensch diesen physischen Organismus an sich trägt.

Man beachtet dabei das Folgende nicht. Wenn der Mensch geboren wird, so hat er seinen physischen Organismus von seinen Eltern. Aber was ist dieser physische Organismus, den er von seinen Eltern hat? Darüber denkt man in der heutigen Zivilisation ganz falsch. Wenn der Mensch im Zahnwechsel steht, tauscht er nicht nur seine zuerst bekommenen Zähne gegen andere aus, sondern es ist das der Zeitpunkt im menschlichen Leben, zu dem sich zum ersten Mal die ganze menschliche Wesenheit als Organisation erneuert.

Es ist ein durchgreifender Unterschied zwischen dem, was der Mensch in seinem 8., 9. Lebensjahr wird, und dem, was er im 3., 4. Jahr war. Es ist ein durchgreifender Unterschied. Was er im 3., 4. Jahr als Organisation war, das hat er vererbt bekommen, das haben ihm die Eltern gegeben. Was dann wird und zuerst im 8., 9. Lebensjahr auftritt, das geht im höchsten Grad aus dem hervor, was der Mensch aus der geistigen Welt heruntergetragen hat.

Wollen wir das, was da zugrunde liegt, schematisch zeichnen, so müssen wir es in der folgenden, die heutige Menschheit schockierenden Art tun. Wir müssen sagen: Der Mensch bekommt, indem er geboren wird, etwas wie ein Modell zu seiner Menschenform (s. Tafel S. 168). Dieses Modell, das bekommt er von seinen Vorfahren, sie geben ihm ein Modell mit. Und an diesem Modell entwickelt der Mensch das, was er später wird. Das aber, was er da entwickelt, ist das Ergebnis dessen, was er aus geistigen Welten herunterträgt.

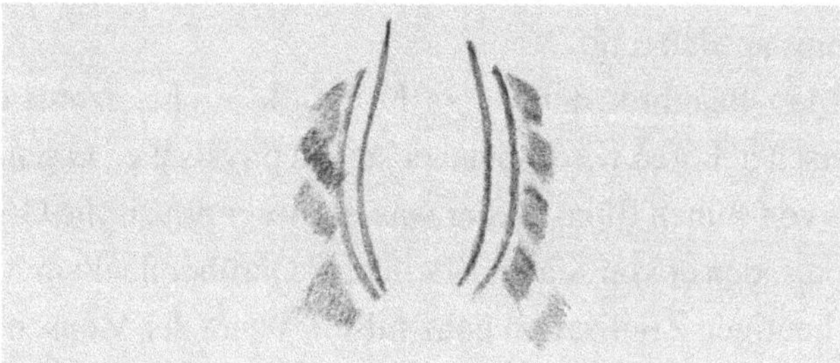

So schockierend es für den heutigen Menschen sein kann, wenn er ganz in der Bildung der Gegenwart drinsteckt, so müssen wir doch sagen: Die ersten Zähne, die der Mensch bekommt, sind ganz und gar vererbt, sind Vererbungsprodukte. Sie dienen ihm als Modell, nach dem er die zweiten Zähne ausarbeitet, aber nach Maßgabe der Kräfte, die er sich aus der geistigen Welt herunterträgt. Die zweiten Zähne arbeitet er sich selber aus. Und wie es mit den Zähnen ist, so ist es mit dem ganzen Organismus.

Die Frage stellt sich: Warum brauchen wir als Menschen ein Modell? Warum können wir nicht, wie es in älteren Phasen der Erdentwicklung der Fall war, indem wir heruntersteigen und unseren Ätherleib an uns heranziehen – den ziehen wir durch unsere eigenen Kräfte heran, die wir aus der geistigen Welt heruntertragen –, warum können wir nicht auch die physische Materie heranziehen und ohne physische Abstammung unseren physischen Leib formen?

Das ist für das Denken eines heutigen Menschen eine törichte Frage, eine verrückte Frage, selbstverständlich. Aber da müssen wir sagen: In Bezug auf die Verrücktheit gilt die Relativitätstheorie, auch wenn man heute die Relativitätstheorie nur auf Bewegungen anwendet. Man sagt, man kann für den Anblick nicht unterscheiden, ob der Zug sich bewegt, in dem man sich befindet, oder ob der Zug sich bewegt, der in der Nähe ist. Das ist bei dem Umtausch der alten Welttheorie mit der kopernikanischen hervorgetreten. Wenn man auch die Relativitätstheorie heute nur auf Bewegungen anwendet, so gilt sie ebenso in Bezug auf die angedeutete Verrücktheit. Da stehen zwei voneinander ab, der eine ist gegen den anderen «verrückt». Es kommt nur darauf an, wer absolut verrückt ist!

Die Frage muss gegenüber den Tatsachen der geistigen Welt aufgeworfen werden: Warum braucht der Mensch ein Modell? Ältere Weltanschauungen haben auf ihre Art eine Antwort darauf gegeben. Nur in der heutigen Zeit, wo man die Moral überhaupt nicht mehr in die Weltordnung einbezieht, sondern sie nur als menschliche Konvention gelten lassen will, da stellt man nicht solche Fragen.

Ältere Weltanschauungen haben diese Frage gestellt und haben sie sich beantwortet. Sie haben gesagt: Ursprünglich war der Mensch dazu veranlagt, in der Weise auf die Erde herunterzusteigen, dass er ebenso wie er seinen Ätherleib aus der allgemeinen kosmischen Äthersubstanz heranzieht, sich auch seinen physischen Leib aus den Substanzen der

Erde bildet. Nur ist der Mensch dann den «luziferischen» und «ahrimanischen» Einflüssen verfallen und dadurch hat er die Fähigkeit verloren, sich aus seiner Wesenheit heraus seinen physischen Leib aufzubauen und muss ihn der Abstammung entnehmen. Diese Art, zu einem physischen Leib zu kommen, ist für den Menschen das Ergebnis der «Erbsünde». Das haben ältere Weltanschauungen gesagt, das ist die Grundbedeutung der Erbsünde: sich in die Erbverhältnisse hineinversetzen zu müssen.

Für unsere Zeit müssen die Begriffe erst wieder herbeigeschafft werden, erstens um solche Fragen ernst zu nehmen und zweitens um Antworten darauf zu finden.

Es ist tatsächlich der Mensch innerhalb seiner Erdentwicklung nicht so stark geblieben, wie er veranlagt war, bevor die luziferischen und ahrimanischen Einflüsse da waren. Und so ist er darauf angewiesen, nicht gleich beim Hereintreten in die Erdverhältnisse sich seinen physischen Leib von sich aus zu bilden, sondern er braucht ein Modell, jenes Modell, das in den ersten sieben Lebensjahren heranwächst. Da er sich nach diesem Modell richtet, so ist es natürlich, dass auch im späteren Leben etwas von diesem Modell an ihm bleibt – mehr oder weniger.

Derjenige, der als Mensch, der an sich selbst wirkt, ganz und gar vom Modell abhängig ist, der wird vergessen, wenn ich so sagen darf, was er heruntergebracht hat. Er wird sich ganz nach dem Modell richten. Derjenige, der durch seine früheren Leben stärkere innere Kräfte erworben hat, der wird sich weniger nach dem Modell richten. Man wird sehen, wie er sich gerade im zweiten Lebensjahrsiebt, zwischen dem Zahnwechsel und der Geschlechtsreife, sehr bedeutsam verändert. Die Schule wird die Aufgabe haben, wenn sie eine rechte Schule ist, das im Menschen zur Entfaltung zu bringen, was er aus den geistigen Welten in das physische Dasein heruntergetragen hat.

Was der Mensch weiter im Leben mit sich trägt, enthält also die Vererbungsmerkmale mehr oder weniger, je nachdem er sie überwinden oder nicht überwinden kann. Alle Dinge haben ihre geistige Seite. Was der Mensch da als seinen Körper in den ersten sieben Lebensjahren hat, das ist einfach ein Modell, nach dem er sich richtet. Entweder gehen seine geistigen Kräfte in dem unter, was ihm durch das Modell aufgedrängt wird, und er bleibt ganz vom Modell abhängig, oder es arbeitet sich in den ersten sieben Lebensjahren durch das Modell das durch, was das Modell verändern will.

Dieses Arbeiten, dieses Durcharbeiten findet einen äußeren Ausdruck. Denn es handelt sich nicht darum, dass bloß daran gearbeitet wird und das ursprüngliche Modell bleibt, sondern das ursprüngliche Modell löst sich los, schuppt sich ab sozusagen. Es fällt ab (s. Tafel S. 168), so wie die ersten Zähne abfallen. Alles fällt ab. Es handelt sich darum, dass von der einen Seite die Formen, die Kräfte des Modells drücken, auf der anderen Seite der Mensch das ausprägen will, was er heruntergebracht hat. Das gibt einen Kampf in den ersten sieben Lebensjahren. Vom geistigen Gesichtspunkt aus gesehen bedeutet dieser Kampf das, was dann äußerlich symptomatisch in den Kinderkrankheiten zum Ausdruck kommt. Kinderkrankheiten sind der Ausdruck dieses inneren Kampfes.

Es treten natürlich bei den Menschen auch später ähnliche Formen der Erkrankung auf. Das ist dann der Fall, wenn die Sache so ist, dass jemand in den ersten sieben Lebensjahren es nicht dazu gebracht hat, das Modell zu überwinden. Dann kann in einem späteren Lebensalter der Drang auftauchen, das herauszubringen, was karmisch in ihm geblieben ist. Er kann in seinem 28., 29. Lebensjahr plötzlich innerlich dazu aufgerüttelt werden, erst recht gegen das Modell anzustoßen – und er bekommt eine «Kinderkrankheit». Man kann sehen, wenn man einen Blick dafür hat, wie bei manchen Menschenkindern das stark auftritt, dass sie sich nach dem 7., 8. Lebensjahr wesentlich ändern in der Physiognomie, in den Gesten. Man weiß nicht, woher die Dinge kommen. Heute, wo man nach allgemeiner Zivilisationsansicht außerordentlich an der Vererbung hängt, ist das sogar schon in die Redensart übergegangen.

Plötzlich tritt im 8., 9. Lebensjahr bei einem Kind etwas auf, was organisch begründet ist. Der Vater sagt: Na, von mir hat er das nicht! Die Mutter sagt: Von mir erst recht nicht! Das rührt heute von dem allgemeinen Glauben her, der in das elterliche Bewusstsein übergegangen ist, dass die Kinder *alles* von den Eltern haben müssen. Auf der anderen Seite ist, dass gesehen werden kann, wie Kinder unter Umständen in diesem zweiten Lebensjahrsiebt den Eltern sogar ähnlicher werden, als sie früher waren. Aber da müssen wir ernst nehmen, wie der Mensch in die physische Welt herunterkommt.

Die Psychoanalyse hat manche Sumpfblüte getrieben, unter anderem auch das, dass im Geheimen, im Unbewussten jeder Sohn in seine Mutter und jede Tochter in ihren Vater verliebt ist und dass das in den unbewussten Provinzen der Seele Lebenskonflikte gibt. Das alles sind natürlich dilettantische Lebensinterpretationen. Was aber wahr ist, das ist, dass der Mensch, schon bevor er zum irdischen Dasein heruntersteigt, in seine Eltern «verliebt» ist, dass er zu ihnen heruntersteigt, weil sie ihm gefallen. Nur muss man das Urteil, das die Menschen hier auf der Erde über das Leben haben, von dem Urteil unterscheiden, das sie außerhalb des irdischen Lebens, zwischen Tod und neuer Geburt, über das Leben haben.

Am Anfang des anthroposophischen Wirkens, da kam es einmal vor, dass eine Dame auftrat, die von den wiederholten Leben hörte. Sie erklärte: Nein, das andere an der Anthroposophie gefällt ihr, aber die wiederholten Erdleben, die will sie nicht mitmachen, sie hat genug mit dem einen. Es waren damals auch sehr wohlmeinende Anhänger da, die haben sich auf alle mögliche Weise bemüht, der Dame klarzumachen, dass das eine richtige Idee ist, dass jeder Mensch die wiederholten Erdleben mitmachen muss. Der eine hat links, der andere hat rechts auf sie eingeredet. Sie ist dann abgereist. Mir hat sie aber zwei Tage später eine Postkarte geschrieben, sie will doch nicht noch einmal auf der Erde geboren werden.

In einem solchen Fall muss derjenige, der die Wahrheit aus der geistigen Erkenntnis heraus sagen will, das Folgende zu dem Menschen sagen: Es mag sein, dass du, während du hier auf der Erde bist, gar keinen Geschmack daran findest, in einem zukünftigen Leben wieder zur Erde herunterzusteigen. Aber das ist nicht maßgebend. Hier auf der Erde gehst du zunächst durch die Pforte des Todes in die geistige Welt hinein, das willst du. Ob du wieder heruntersteigen willst, das hängt von deinem Urteil dann ab, wenn du keinen Leib mehr an dir trägst. Da wirst du dir schon ein anderes Urteil bilden.

Die Urteile sind durchaus verschieden: diejenigen, die der Mensch hier im physischen Dasein hat, und diejenigen, die er zwischen dem Tod und einer neuen Geburt hat. Es ändert sich da jeder Gesichtspunkt. So ist es auch, wenn wir einem Menschen, einem jungen Menschen hier auf der Erde sagen, er habe sich seinen Vater gewählt. Er könnte einwenden: Einen Vater, der mich so geprügelt hat, den soll ich mir gewählt haben? Er hat sich ihn wirklich gewählt, weil er einen anderen Gesichtspunkt hatte, bevor er zur Erde heruntergestiegen ist. Da hatte er den Gesichtspunkt, dass die Prügel ihm sehr gut tun werden. Es ist das keine Sache zum Lachen, sie ist tiefernst gemeint!

Und so wählt sich der Mensch seine Eltern auch nach der Gestalt. Er hat für sich selbst das Bild vor sich, seinen Eltern ähnlich zu werden. Er wird nicht durch «Vererbung» ähnlich, sondern durch seine inneren geistig-seelischen Kräfte, die er sich aus der geistigen Welt herunterbringt. Deshalb sind in dem Augenblick, wo man allseitig – aus der geistigen und aus der physischen Wissenschaft heraus – urteilt, solche Urteile in Bausch und Bogen nicht mehr möglich, wo man sagt: Ich habe auch schon Kinder gesehen, die wurden erst in ihrem zweiten Lebensjahrsiebt ihren Eltern ähnlicher. Da liegt dann der andere Fall vor, dass diese Kinder sich für dieses Leben vorgenommen haben, die Gestalt ihrer Eltern anzunehmen.

Es handelt sich darum, dass der Mensch die ganze Zeit zwischen dem Tod und einer neuen Geburt im Verein mit anderen verstorbenen Seelen und mit den Wesen der höheren Welten an dem arbeitet, was ihm die Möglichkeit gibt, sich seinen Körper aufzubauen. Man unterschätzt gar sehr das, was der Mensch im Unterbewussten trägt. Man ist als Erdmensch im Unterbewussten viel weiser als im Bewussten. Man arbeitet aus einer weiten, universellen Weltweisheit das aus, was sich dann im zweiten Lebensjahrsiebt aus dem Modell zu dem ausgestaltet, was man als seinen eigenen, einem zugehörigen Menschen an sich trägt.

Wird man einmal wissen, wie wenig der Mensch in Bezug auf seine Körpersubstanz aus dem aufnimmt, was er isst, wie er viel mehr aus Luft und Licht und so weiter in außerordentlich fein verteiltem Zustand aufnimmt, dann wird man auch glauben können, dass der Mensch sich ganz unabhängig von allen Vererbungsverhältnissen seinen «zweiten Körper» für das zweite Lebensjahrsiebt ganz und gar aus der Umgebung aufbaut. Der «erste Körper» ist nur ein Modell. Was den Eltern entstammt, das ist substanziell und auch den Kräften nach im zweiten Lebensjahrsiebt nicht mehr da. Das Verhältnis zu den Eltern wird im zweiten Lebensjahrsiebt ein moralisch-seelisches. Es ist ein physisches Vererbungsverhältnis nur im ersten Lebensjahrsiebt, nur bis zum 7. Lebensjahr.

Es gibt auch noch in diesem Leben Menschen, die haben ein ganz reges Interesse für alles, was in der sichtbaren Welt um sie herum ist. Es sind Menschen, die beobachten die Pflanzen, die beobachten die Tierwelt, sie haben Anteil, Interesse an dem und jenem, was in der sichtbaren Umwelt ist. Sie haben Interesse für die Erhabenheit des gestirnten Himmels. Sie sind mit ihrer Seele bei der ganzen physischen Welt dabei. Das Innere eines Menschen, der ein solches warmes Interesse für die physische Welt hat, ist anders als das Innere eines Menschen, der mit Gleichgültigkeit, mit Phlegma an der Welt vorbeigeht. Es gibt in dieser Beziehung die ganze Skala von Menschencharakteren.

Auf der einen Seite hat jemand eine ganz kurze Reise gemacht. Man redet nachher mit ihm: Er beschreibt einem die Stadt, in der er gewesen ist, mit einer unendlichen Liebe, bis in die Kleinigkeiten hinein. Man bekommt deshalb, weil er ein so starkes Interesse gehabt hat, eine vollkommene Vorstellung von dem, wie es in der Stadt ausgesehen hat, wo er war.

Von diesem Extrem geht es bis zu dem anderen, wo ich einmal auf zwei ältere Damen gestoßen bin, die von Wien nach Preßburg gereist waren. Preßburg ist eine schöne Stadt. Sie waren wieder zurückgekommen und ich fragte sie, wie es in Preßburg ausschaut, wie es ihnen gefallen hat. Nichts wussten sie zu erzählen, als dass sie am Strand zwei schöne Dackerln gesehen hatten. Die hätten sie auch in Wien sehen können, sie hätten nicht nach Preßburg zu fahren brauchen. Aber sie haben nichts anderes gesehen. So gehen manche Menschen durch die Welt.

Zwischen diesen beiden äußersten Vertretern der Skala liegt jede Art von Interesse, die der Mensch für das haben kann, was die physisch-sichtbare Welt ist.

Nehmen wir an, ein Mensch hat wenig Interesse für die umliegende physische Welt. Er interessiert sich gerade noch für das, was unmittelbar seine Körperlichkeit angeht, ob man in irgendeiner Gegend gut oder schlecht isst und dergleichen, aber darüber hinaus gehen seine Interessen nicht. Seine Seele bleibt arm, er trägt nicht viel Welt in sich. Und er trägt wenig von dem, was die Erscheinungen der Welt ihm entgegengeleuchtet haben, mit seinem Inneren durch die Pforte des Todes hinüber in die geistige Welt.

Dadurch wird ihm schwer das Arbeiten drüben mit den geistigen Wesen, mit denen er da zusammen ist. Dadurch bringt er aber mit in seiner Seele nicht Stärke, nicht Energie, sondern Schwäche, eine Art von Ohnmacht für den Aufbau des physischen Leibes. Das Modell wirkt stark auf ihn ein. Der Kampf mit dem Modell drückt sich in allerlei Kinderkrankheiten aus, aber die Schwäche bleibt ihm. Er bildet einen gebrechlichen Leib, der allen möglichen Krankheiten ausgesetzt ist.

So verwandelt sich seelisch-geistiges Interesse aus dem einen Leben karmisch in die Gesundheitslage eines nächsten Lebens. Die Menschen, die vor Gesundheit strotzen, die haben in einem früheren Leben ein reges Interesse für die sichtbare Welt gehabt. In dieser Beziehung wirken die Einzeltatsachen des Lebens außerordentlich stark. Es ist heute riskant, über diese Dinge zu sprechen. Aber verstehen wird man die Zusammenhänge des Karmas nur, wenn man geneigt ist, solche Einzelheiten über das Karma aufzunehmen.

Es hat auch in jener Zeit, in der die Menschenseelen, die heute da sind, in einem früheren Leben gelebt haben, es hat auch in jener Zeit Malerei gegeben, und es hat Menschen gegeben, die an der Malerei kein Interesse hatten. Es gibt auch heute Menschen, denen es ganz gleichgültig ist, ob sie irgendeine malerische Scheußlichkeit an der Wand hängen haben oder ein gut gemaltes Bild. Es hat solche Menschen gegeben auch in der Zeit, in der die Seelen, die heute leben, in früheren Leben vorhanden waren.

Ich habe niemals einen Menschen gefunden, meine lieben Freunde, der ein sympathisches Gesicht, einen sympathischen Gesichtsausdruck hat und der nicht in einem vorigen Leben seine Freude an der Malerei gehabt hätte. Menschen mit unsympathischem Gesichtsausdruck, was im Karma des Menschen auch eine Rolle spielt, was für das Schicksal auch eine Bedeutung hat, waren immer solche, die stumpf und gleichgültig, die phlegmatisch an Bildwerken vorbeigegangen sind.

Aber die Dinge gehen noch weiter. Es gibt Menschen, die ihr ganzes Leben hindurch – und das war auch schon in früheren Zeiten der Fall –, die ihr ganzes Leben hindurch niemals zu den Sternen aufsehen, die nicht wissen, wo der Löwe, der Widder oder der Stier ist, die sich für gar nichts in dieser Richtung interessieren. Diese Menschen werden in einem nächsten Leben mit einem schlaffen Körper geboren. Auch wenn sie ein starkes Modell durch ihre Eltern bekommen, das sie darüber hinwegführt, werden sie in dem

Körper, den sie sich dann selber aufbauen, schlaff, kraftlos. Und so könnte man den ganzen Gesundheitszustand des Menschen, den er in irgendeinem Leben trägt, auf die Interessen zurückführen, die er in früheren Leben an der sichtbaren Welt in ihrem weitesten Umfang gehabt hat.

Menschen, die in unserer heutigen Zeit zum Beispiel absolut kein Interesse für Musikalisches haben, denen das Musikalische gleichgültig ist, die werden ganz sicher in einem nächsten Erdleben asthmatisch, mit Lungenkrankheiten oder zu Lungenkrankheiten und zu Asthma neigend wieder geboren werden. Es ist so, dass sich das Seelische, das sich in einem Leben durch das Interesse an der sichtbaren Welt ausbildet, im nächsten Leben in der Gesundheits- oder Krankheitsstimmung des Körpers zum Ausdruck bringt.

Vielleicht könnte jetzt jemand sagen: Das zu wissen, könnte einem den Geschmack an den folgenden Leben nehmen! Aber das ist wieder solch ein Urteil, das man vom Erdstandpunkt aus fällt, der nicht der einzige ist. Denn das Leben zwischen Tod und neuer Geburt dauert länger als das irdische Leben.

Wenn jemand für irgendetwas Sichtbares in seiner Umgebung stumpf ist, dann bleibt er zwischen dem Tod und einer neuen Geburt in der Unfähigkeit, auf gewissen Gebieten zu arbeiten. Er ist mit den Folgen der Interesselosigkeit durch die Pforte des Todes gegangen. Er geht weiter nach dem Tod. Er kommt an gewisse Wesen nicht heran, gewisse Wesen halten sich von ihm zurück, weil er nicht an sie herankann. Andere Menschenseelen, mit denen er auf der Erde zusammen war, bleiben ihm fremd. Das würde ewig dauern, es würde eine Art «Ewigkeit der Höllenstrafen» geben, wenn es nicht abgeändert werden könnte.

Dass der Mensch zwischen Tod und neuer Geburt beschließt, ins irdische Leben herunterzusteigen und das, was ein Unvermögen in der geistigen Welt ist, an dem erkrankten Leib zu erleben, das ist der einzige Ausgleich, das ist die einzige Kur. Diese Kur wünscht man sich zwischen dem Tod und einer neuen Geburt. Denn zwischen Tod und neuer Geburt hat man nur, dass man etwas nicht kann, aber man fühlt es so, dass im weiteren Verlauf, wenn man wieder stirbt und durch die Zeit zwischen Tod und neuer Geburt geht, das, was irdischer Schmerz war, der Antrieb ist, in das hineinzukommen, was man versäumt hat.

So können wir sagen: Der Mensch trägt sich Gesundheit und Krankheit mit seinem Karma aus der geistigen Welt in die physische Welt herunter. Und wenn wir dabei berücksichtigen, dass es nicht nur ein sich erfüllendes, sondern auch ein werdendes Karma gibt, dass gewisse Dinge auch zum ersten Mal auftreten, dann werden wir nicht alles, was der Mensch von Gesundheits- und Krankheitsseite im physischen Leben zu erleiden hat, auf die früheren Leben beziehen. Aber wir werden wissen, dass das, was in Bezug auf Gesundheits- und Krankheitsverhältnisse von innen heraus veranlagt auftritt, auf dem Umweg karmisch bestimmt ist, den wir eben charakterisiert haben.

Die Welt wird erst erklärlich, wenn wir über das Erdleben hinaussehen – eher ist sie nicht erklärlich. Aus dem irdischen Leben heraus ist die Welt nicht erklärlich.

Wenn wir von diesen inneren Bedingungen des Karmas, die aus der Organisation folgen, zu den äußerlichen gehen, können wir wieder, zunächst nur um das Thema anzuschlagen, können wir wieder von einem den Menschen nahe berührenden Tatsachengebiet ausgehen.

Nehmen wir etwas, was sehr stark mit der seelischen Gesundheits- und Krankheitsstimmung im Verhältnis zu anderen Menschen zusammenhängt. Jemand findet einen Jugendfreund. Es bildet sich eine innige Jugendfreundschaft heraus, die Menschen hängen sehr aneinander. Das Leben führt sie dann wieder auseinander, sodass vielleicht bei beiden, vielleicht besonders bei einem, mit einer gewissen Wehmut auf die Jugendfreundschaft zurückgesehen wird. Aber sie lässt sich nicht wiederherstellen, so oft man sich im Leben auch trifft, die Jugendfreundschaft stellt sich nicht wieder her. Wenn wir bedenken, wie viel unter Umständen von solch einer zerbrochenen Jugendfreundschaft schicksalsmäßig abhängen kann, werden wir uns sagen: Das Schicksal des Menschen kann von solch einer zerbrochenen Jugendfreundschaft tiefgehend beeinflusst werden.

Man sollte über solche Dinge möglichst wenig aus der Theorie heraus reden. Aus der Theorie heraus reden hat keinen Wert, man soll über diese Dinge nur entweder aus der unmittelbaren Anschauung heraus reden oder auf Grundlage dessen, was man mündlich oder schriftlich von dem vernommen hat, der eine solche unmittelbare Anschauung hat, und was einem plausibel erscheint, was einem begreiflich ist. Das Theoretisieren über diese Dinge hat keinen Wert, deshalb will ich sagen: Wenn man sich bemüht, mit geistiger Anschauung hinter so etwas wie eine zerbrochene Jugendfreundschaft zu kommen, da stellt sich das Folgende heraus.

Geht man in ein früheres Leben zurück, so findet man in der Regel, dass die beiden Menschen, die in einem späteren Leben die Jugendfreundschaft haben, die dann zerbricht, dass diese beiden Menschen in einem früheren Leben eine Freundschaft in späteren Jahren hatten. Also nehmen wir an, zwei Jugendfreunde oder Jugendfreundinnen sind das bis zu ihrem 20. Lebensjahr. Dann zerbricht die Jugendfreundschaft. Geht man mit Geisterkenntnis zurück in ein früheres Leben, so findet man: Da war auch eine Freundschaft zwischen den beiden Leuten vorhanden, aber die hat etwa im 20. Jahr begonnen und ging ins spätere Leben hinauf.

Das ist ein sehr interessanter Fall, den man oft findet, wenn man den Dingen geisteswissenschaftlich nachgeht. Wenn man die Dinge genauer prüft, stellt sich dann heraus, dass der Drang, den Menschen, mit dem man eine Freundschaft in späteren Jahren hatte, auch kennenzulernen, wie er in der Jugend ist, dass dieser Drang einen im nächsten Leben dazu führt, ihn als Jugendfreund kennenzulernen. Man hat ihn als älteren Menschen in einem vorigen Leben gekannt und das hat in die Seele den Drang gebracht, ihn auch in der Jugend kennenzulernen. Das kann man nicht mehr in diesem Leben, so macht man es im nächsten Leben.

Aber das hat einen großen Einfluss, wenn dieser Drang in einem von den beiden oder in beiden entsteht, durch den Tod geht und dann zwischen dem Tod und einer neuen

Geburt sich in der geistigen Welt auslebt. Denn dann ist in der geistigen Welt etwas wie ein Hinstarren auf die Jugend da. Man hat eine ganz besondere Sehnsucht, auf die Jugend hinzustarren, und man bildet nicht den Drang aus, den Menschen auch wieder im Alter kennenzulernen. So zerbricht die Jugendfreundschaft, die aus dem Leben vorbestimmt war, das man durchlebt hat, bevor man auf die Erde herabgestiegen ist. Es ist das ein Fall, den ich Ihnen aus dem Leben erzähle. Das ist etwas, was real ist, was ich Ihnen erzähle.

Es entsteht da die Frage: Wie war im vorigen Leben die ältere Freundschaft, dass sie diesen Drang entstehen ließ, in einem neuen Leben den Menschen in der Jugend zu haben? Damit dieser Trieb, den Menschen in der Jugend zu haben, nicht dazu kommt, den Jugendfreund auch später zu haben, da muss irgendetwas anderes im Leben auftreten. In all den Fällen, die mir bekannt sind, ist es immer so gewesen, dass, wenn die zwei Menschen im späteren Leben vereinigt geblieben wären, wenn die Jugendfreundschaft nicht zerbrochen wäre, sie einander überdrüssig geworden wären, weil sie die Freundschaft, die eine Altersfreundschaft war, in einem früheren Leben zu egoistisch ausgebildet haben.

Der Egoismus von Freundschaften in einem Leben rächt sich karmisch im Verlust dieser Freundschaften im anderen Leben. Die Dinge sind kompliziert, aber man bekommt immer einen Leitfaden, wenn man sieht: Es ist in vielen Fällen so, dass zwei Menschen in einem Leben bis zu ihrem 20. Lebensjahr jeder sein Leben für sich gegangen ist, dann weiter in Freundschaft (s. Tafel S. 169, «I»). In einem nächsten

Leben entspricht gewöhnlich diesem Bild dann das andere: erst die Jugendfreundschaft, dann geht das Leben aus-

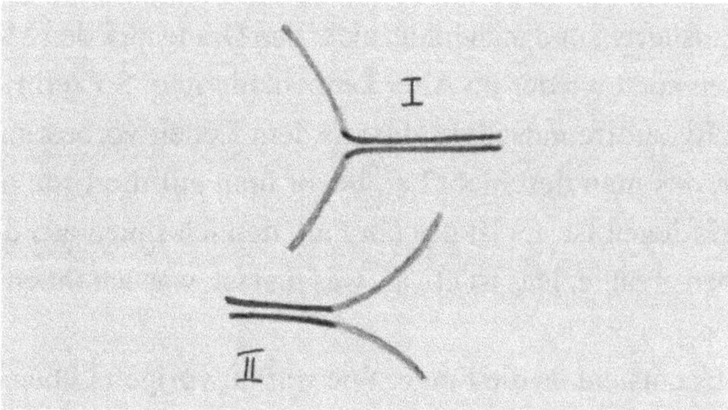

einander («II»). Das ist sehr häufig der Fall, wie überhaupt das gefunden wird, dass sich die einzelnen Leben ihrer Konfiguration nach gegenseitig ergänzen.

Besonders das wird häufig gefunden: Trifft man einen Menschen, der auf das Schicksal einen starken Einfluss hat – die Dinge gelten natürlich nur in der Regel, sie sind nicht für alle Fälle gültig –, aber trifft man einen Menschen im mittleren Lebensalter in einem Leben, so hat man ihn in

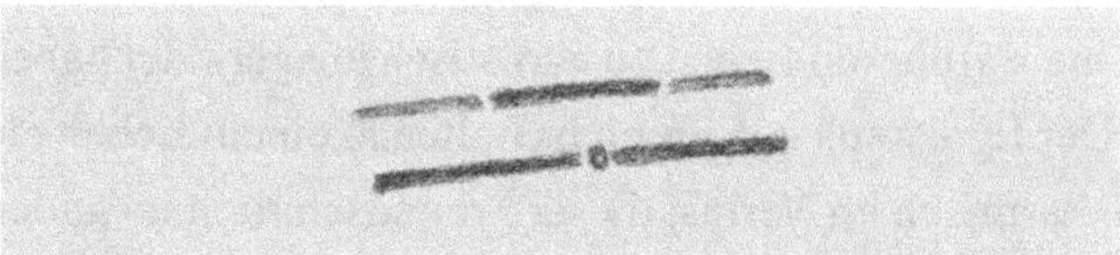

einem vorigen Leben unter Umständen am Anfang und am Ende des Lebens schicksalsmäßig neben sich gehabt. Dann ist das Bild so: Man durchlebt Anfang und Ende in der einen Inkarnation mit dem anderen Menschen zusammen. Und in einer anderen Inkarnation durchlebt man Anfang und Ende nicht zusammen, aber man trifft ihn gerade in der Mitte des Lebens (s. Tafel S. 169, unten).

Oder es stellt sich heraus, dass man als Kind an irgendeinen Menschen schicksalsmäßig gebunden ist. In einem vorigen Leben war man gerade vor dem Tod mit demselben Menschen verbunden. Solche Spiegelungen finden in den schicksalsmäßigen Zusammenhängen außerordentlich häufig statt.

Morgen werden wir über diese Dinge weiterreden.

Sechster Vortrag

Der dreigliedrige Mensch

Nach Körper, Seele und Geist

Dornach, 2. März 1924

Meine lieben Freunde![6]

Indem wir in unseren Betrachtungen über das Karma weiterschreiten, haben wir nötig, einen Blick auf die Art und Weise zu werfen, wie in der Menschenentwicklung das Karma eingreift, wie das Schicksal, das sich mit den freien Menschentaten verwebt, aus der geistigen Welt heraus im physischen Abglanz gestaltet wird.

---

6 Der Vortrag fängt mit folgenden Bemerkungen an: «Unsere jüngeren Freunde hier um das Goetheanum herum haben eine Versammlung abgehalten, in der sie gewissermaßen eine Antwort beschlossen haben auf dasjenige, was in unserem anthroposophischen Mitteilungsblatt von mir als eine Art Appell an die anthroposophische Jugend ausgesprochen worden ist. Damit und mit einer Zuschrift aus dem weiteren Kreis der jüngeren anthroposophischen Freunde, welche die Namen trägt: Dr. Lehrs, Dr. Röschl und Wilhelm Rath, damit ist gewissermaßen gezeigt worden, wie ernst gemacht werden soll mit dem, was ich mit jenem Appell an die anthroposophische Jugend anregen wollte.

Wir werden uns im Vorstand der Anthroposophischen Gesellschaft, nachdem wir jetzt haben sehen können, dass die Sache ein Echo findet, wir werden uns demnächst ganz eindringlich mit all demjenigen beschäftigen, was sozusagen unser zweiter Schritt sein kann. Und ich hoffe, dass die Sache ihren guten Fortgang nimmt und zu einer wirklichen Realität führt. Es kann das natürlich nur dann geschehen, wenn nicht nur Sympathieaussprüche vonseiten der anthroposophischen jüngeren Freunde kommen, sondern wenn tatsächlich der Wille entwickelt wird zu einem tätigen Mitarbeiten im Sinne desjenigen, was

Da werden wir heute einiges über das zu sagen haben, was mit dem Menschen zusammenhängt, insofern er auf der Erde lebt. Diesen irdischen Menschen haben wir in diesen Tagen in Bezug auf seine Gliederung betrachtet. Wir haben an ihm den physischen Leib, den ätherischen Leib, den astralischen Leib und die Ich-Organisation unterschieden. Wir können aber, indem wir unseren Blick auf den Menschen wenden, wie er in der physischen Welt vor uns steht, wir können die Glieder des Menschen noch anders sehen. Wir wollen heute, unabhängig von dem, was wir schon besprochen haben, an die Glieder des Menschen herantreten und versuchen, eine Verbindung zwischen dem zu schlagen, was wir heute besprechen, und dem, was wir schon kennen.

Wenn wir den Menschen, so wie er auf der Erde vor uns steht, seiner physischen Gestalt nach betrachten, so hat diese physische Gestalt drei deutlich voneinander unterschiedene Glieder. Man unterscheidet gewöhnlich diese Glieder des Menschen nicht, weil das, was heute als Wissenschaft sich geltend macht, nur oberflächlich auf die Dinge hinschaut und keinen Sinn für das hat, was sich offenbart, wenn man mit innerlich aufgehelltem Blick die Dinge betrachtet.

Da haben wir am Menschen zunächst das Haupt. Dieses Haupt des Menschen, schon äußerlich betrachtet, kann sich

---

mit unserer Weihnachtstagung bei der Neubegründung der Anthroposophischen Gesellschaft gewollt worden ist.

Nur in diesen wenigen Worten möchte ich zunächst über dasjenige, was aber seinen lebhaften Fortgang finden soll demnächst, was von diesen zwei charakterisierten Seiten her auf diesen Appell an die Jugend geschehen ist, meine tiefste Befriedigung zunächst zum Ausdruck bringen und eben darauf aufmerksam machen, dass der Vorstand daran arbeiten wird, die Sache so real als möglich zu machen.»

uns als von der übrigen menschlichen Gestalt ganz verschieden zeigen. Wir brauchen nur den Blick auf die Entstehung des Menschen aus dem Menschenkeim heraus zu wenden. Wir sehen als Erstes von dem, was sich im Leib der Mutter als Menschenkeim bildet, nur die Kopforganisation. Die ganze menschliche Organisation geht vom Kopf aus. Alles Übrige, was später am Menschen in die Gestaltung einfließt, ist im Menschenkeim Anhangsorgan. Erst ist der Mensch als physische Gestalt Kopf, das andere ist Anhangsorgan.

Was diese Anhangsorgane im späteren Leben übernehmen – Ernährung, Atmung und so weiter –, das wird in der ersten Zeit, in der Embryonalzeit des Menschen als Atmungs- oder Zirkulationsprozess und so weiter gar nicht von dem Inneren des Menschenkeimes aus besorgt, sondern von außen herein aus dem Leib der Mutter – durch Organe, die später abfallen, die später am Menschen gar nicht mehr vorhanden sind. Was der Mensch zunächst ist, ist durchaus Kopf, das andere ist Anhangsorgan. Wir übertreiben nicht, wenn wir den Satz aussprechen: Der Mensch ist anfangs Kopf, das andere ist Anhangsorgan. Und da später das, was zuerst Anhangsorgan ist, heranwächst und für den Menschen Wichtigkeit gewinnt, unterscheidet man im späteren Leben den Kopf nicht streng von dem übrigen Organismus.

Aber damit ist nur eine oberflächliche Charakteristik des Menschen gegeben. In Wirklichkeit ist der Mensch auch als physische Gestalt ein dreigliedriges Wesen. Und all das, was seine erste Gestalt ist, das Haupt, das bleibt ein mehr oder weniger individuelles Glied am Menschen durch das ganze Leben hindurch. Man beachtet das nur nicht, aber es ist so.

Sie werden sagen: Man sollte den Menschen nicht so teilen, dass man ihn «köpft», ihm das Haupt abschneidet. Dass in der Geisteswissenschaft dies geschehe, das ist nur der Glaube von Professor «Fuchs» (s. Prof. W. Lutosławski, «Rudolf Steiners sogen. ‹Geheimwissenschaft›», in *Hochland,* Okt. 1910), der der Geisteswissenschaft vorwirft, dass sie den Menschen in Kopf, Brust- und Gliedmaßenorgane «teilt»! Aber das ist nicht wahr, so ist es nicht, sondern in dem, was äußerlich Hauptesgestaltung ist, liegt nur der hauptsächlichste Ausdruck für die Kopforganisation. Der Mensch bleibt auch sein ganzes Leben hindurch ganz Kopf. Die wichtigsten Sinnesorgane, Augen, Ohren, Geruchsorgane, Geschmacksorgane, sind am Kopf, aber zum Beispiel der Wärmesinn, der Drucksinn oder Tastsinn sind über den ganzen Menschen ausgebreitet.

Das ist deshalb, weil wir nicht räumlich die drei Glieder voneinander trennen können, sondern nur so, dass die Kopfbildung hauptsächlich im äußerlich gestalteten Kopf erscheint, aber den ganzen Menschen durchdringt – und so ist es auch für die übrigen Glieder. Der «Kopf» ist während des ganzen Lebens auch in der großen Zehe, insofern die große Zehe eine Tastempfindung oder eine Wärmeempfindung hat.

Damit haben wir das eine Glied der menschlichen Wesenheit charakterisiert, jener menschlichen Wesenheit, die als eine sinnliche vor uns steht. Diese Organisation habe ich in meinen Schriften auch die Nerven-Sinnesorganisation genannt, um sie mehr innerlich zu charakterisieren. Das ist das eine Glied der menschlichen Wesenheit, die Nerven-Sinnesorganisation.

Das zweite Glied der menschlichen Wesenheit ist all das, was in rhythmischer Tätigkeit sich auslebt. Wir werden von der Nerven-Sinnesorganisation nicht sagen können, dass sie in rhythmischer Tätigkeit sich auslebt, sonst müssten wir zum Beispiel in der Augenwahrnehmung in einem bestimmten Rhythmus das eine wahrnehmen, dann das andere, dann das Dritte, dann das Vierte, dann wiederum auf das Erste zurückkommen und so weiter. Es müsste ein Rhythmus in unserer Sinneswahrnehmung drinnen sein, das ist aber nicht der Fall.

Gehen wir dagegen auf das Hauptsächlichste unserer Brustorganisation, dann finden wir da den Atmungsrhythmus, den Blutzirkulationsrhythmus, den Verdauungsrhythmus und so weiter. Da ist alles Rhythmus. Der Rhythmus mit seinen Rhythmusorganen ist das Zweite, was sich in der menschlichen Wesenheit ausbildet, was sich wieder über den ganzen Menschen ausbreitet, aber hauptsächlich seine äußere Offenbarung in den Brustorganen hat. Der ganze Mensch ist wiederum Lunge und Herz, aber Lunge und Herz sind in den Organen lokalisiert, die man so nennt. Es atmet aber der ganze Mensch. Wir atmen an jeder Stelle unseres Organismus. Man spricht auch von Hautatmung. Nur hauptsächlich ist die Atmung in der Tätigkeit der Lunge konzentriert.

Und das Dritte ist dann das, was Gliedmaßenorganisation des Menschen ist. Die Gliedmaßen enden in der Brustorganisation. Sie treten im Embryonalstadium als Anhangsorgane auf, sie bilden sich am spätesten aus. Sie sind aber die Organe, die am meisten mit dem Stoffwechsel zusammenhängen. Dadurch, dass diese Organe in Bewegung kommen, dadurch, dass diese Organe ihre Arbeit am Menschen verrichten, findet der Stoffwechsel seine meiste Anregung.

Damit haben wir die drei Glieder charakterisiert, die uns an der physischen Gestalt erscheinen. Aber diese drei Glieder hängen innig mit dem seelischen Leben des Menschen zusammen.

Das seelische Leben des Menschen zerfällt in Denken, Fühlen und Wollen. Das Denken findet seine physische Organisation vorzugsweise in der Hauptesorganisation. Es findet auch im ganzen Menschen seine physische Organisation, weil das Haupt in der Weise, wie wir es eben geschildert haben, im ganzen Menschen ist.

Das Fühlen hängt mit der rhythmischen Organisation zusammen. Es ist ein Vorurteil, ein Aberglaube unserer heutigen Wissenschaft, dass das Nervensystem direkt mit dem Fühlen etwas zu tun habe. Das Nervensystem hat mit dem Fühlen direkt nichts zu tun. Das Fühlen hat zu seiner Organisation den Atmungs- und Zirkulationsrhythmus. Die Nerven vermitteln nur, dass wir eine Vorstellung von unseren Gefühlen haben. Unsere Gefühle haben ihre Organisation im rhythmischen Organismus, aber wir wüssten nichts von ihnen, wenn die Nerven uns nicht Vorstellungen von unseren Gefühlen verschaffen würden. Weil die Nerven uns Vorstellungen von unseren Gefühlen verschaffen, bildet sich der heutige Intellektualismus den Aberglauben, dass die Nerven auch die Organe für die Gefühle wären. Das ist nicht der Fall.

Aber wenn wir die Gefühle, wie sie aus unserem rhythmischen Organismus heraufkommen, in unserem Bewusstsein uns anschauen und sie mit unseren Gedanken vergleichen, die an unsere Hauptes-, an unsere Nerven-Sinnesorganisation gebunden sind, dann werden wir zwischen unseren Gedanken und unseren Gefühlen ganz den gleichen Unterschied wahrnehmen, wenn wir richtig beobachten, wie zwischen den Tagesgedanken, die wir im Wachleben haben, und den Träumen. Gefühle haben keine stärkere Intensität im Bewusstsein als die Träume. Sie haben nur eine andere Form, sie kommen nur auf eine andere Weise zum Bewusstsein. Wenn wir in Bildern träumen, lebt unser Bewusstsein in Bildern. Aber diese Bilder bedeuten in ihrer Bildform ganz dasselbe, was in einer anderen Form die Gefühle bedeuten.

Sodass wir sagen können: Das hellste Bewusstsein, das durchleuchtetste Bewusstsein, haben wir in unseren Vorstellungen, in unseren Gedanken. Eine Art Traumbewusstsein haben wir in Bezug auf unser Fühlen. Wir glauben nur, wir hätten ein helles Bewusstsein von unseren Gefühlen, aber wir haben kein helleres Bewusstsein von unseren Gefühlen, als wir von unseren Träumen haben. Wenn wir wach werden und uns an den Traum erinnern, wenn wir vom Traum wache Vorstellungen bilden, dann haben wir nicht den Traum. Der Traum ist viel reicher als das, was wir dann von ihm vorstellen. Ebenso ist die Gefühlswelt in sich unendlich reicher als das, was wir an Vorstellungen von dieser Gefühlswelt in uns gegenwärtig machen.

Und vollends in Schlaf getaucht ist das Wollen. Das Wollen ist an den Stoffwechsel-Gliedmaßenorganismus, an den Bewegungsorganismus gebunden. Von diesem Wollen kennen wir auch nur die Gedanken. Wir bilden uns die Vorstellung: Ich will diese Uhr ergreifen – und dann ergreifen wir sie. Was da von unserer Vorstellung in die Muskeln hinuntergeht und zuletzt dazu führt, dass wieder eine Vorstellung auftritt – die des Ergreifens der Uhr, die die erste Vorstellung fortsetzt –, was zwischen der Absichtsvorstellung und der Verwirklichungsvorstellung liegt, was in unserem Organismus vor sich geht, das bleibt so unbewusst wie das Leben im tiefsten Schlaf, im traumlosen Schlaf, unbewusst bleibt.

Von unseren Gefühlen träumen wir wenigstens, von unseren Willensimpulsen haben wir nicht mehr, als wir von unserem Schlaf haben. Man könnte sagen: Vom Schlaf haben wir gar nichts! Aber wir reden jetzt nicht vom physischen Gesichtspunkt aus, da ist es natürlich ein Unsinn zu sagen: Vom Schlaf haben wir gar nichts. Wir haben seelisch sehr viel vom Schlaf. Wenn wir nie schlafen würden, so kämen wir nie zu unserem Ich-Bewusstsein.

Wir müssen uns nur das Folgende vergegenwärtigen. Wenn wir uns an die Erlebnisse erinnern, die wir gehabt haben, dann sagen wir, wir gehen zurück: Von dem «Jetzt» (s. Tafel S. 170, ganz oben) gehen wir immer weiter zurück.

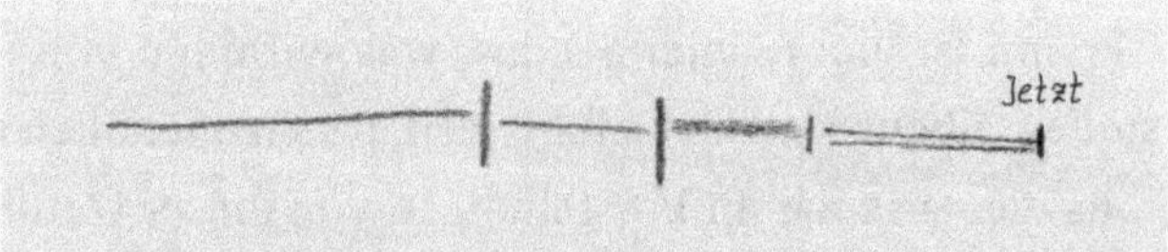

Wir meinen, wir gingen immer weiter zurück, aber so ist es nicht. Wir gehen nur bis zu dem Moment zurück, wo wir das letzte Mal aufgewacht sind. Davor haben wir geschlafen. Was dazwischenliegt, das schaltet sich aus, und dann gliedert sich vom letzten Einschlafen bis zum vorletzten Aufwachen wieder die Erinnerung an. Und so geht es weiter zurück.

Indem wir zurückschauen, müssen wir immer die Bewusstlosigkeit einschalten. Indem wir zurückschauen, müssen wir für ein Drittel unseres Lebens die Bewusstlosigkeit einschalten. Das beachten wir nicht. Aber das ist geradeso, wie wenn wir eine weiße Fläche haben und in der Mitte ein schwarzes Loch (s. Tafel S. 170, links unten). Wir sehen das schwarze Loch, obwohl dort nichts ist. So sehen

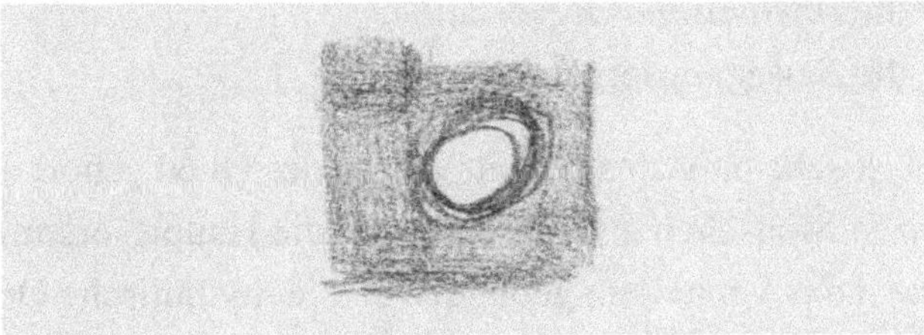

wir bei der Rückerinnerung die Nächte, die wir verschlafen haben, obwohl nichts darin ist von Lebensreminiszenzen. Da stößt sich immer unser Bewusstsein. Das macht, dass wir uns ein Ich nennen. Wenn das immer fortginge und wir uns an nichts stoßen würden, kämen wir gar nicht zu einem Ich-Bewusstsein.

Wir können also sagen, wir haben schon etwas vom Schlaf. Und geradeso wie wir im gewöhnlichen Leben etwas vom Schlaf haben, so haben wir etwas von jenem Schlaf, der in unserem Wollen waltet. Wir verschlafen das, was beim Willensakt in uns vorgeht, aber darin liegt gerade das wahre Ich. So wie wir das Ich-Bewusstsein durch das «Schwarze» der Schlafzeiten erhalten, so liegt in dem, was in uns während des Willensaktes schläft, das Ich, aber das Ich von dem vorigen Erdleben. Da waltet das Karma. Im Wollen waltet das Karma. Im Wollen walten all die Impulse aus dem vorigen Leben, nur sind sie auch beim wachenden Menschen in Schlaf getaucht.

Wenn wir uns also den Menschen vorstellen, so wie er uns physisch im Leben entgegentritt, dann tritt uns an ihm eine dreifache Gliederung entgegen:

- die *Hauptes*organisation,
- die *rhythmische* Organisation,
- die *Bewegungs*organisation.

Das ist schematisch abgeteilt, aber jedes Glied gehört dem ganzen Menschen an. Gebunden an die Hauptesorganisation ist das Vorstellen; gebunden an die rhythmische Organisation ist das Fühlen; gebunden an die Bewegungsorganisation ist das Wollen.

- Der Zustand, in dem die Vorstellungen sind, ist die *Wachheit;*
- der Zustand, in dem die Gefühle sind, ist das *Träumen;*
- der Zustand, in dem das Wollen ist, die Willensimpulse sind, ist auch während des Wachens das *Schlafen.*

Wir müssen jetzt am Haupt beziehungsweise am Vorstellen zweierlei unterscheiden. Wir müssen das Haupt noch genauer gliedern. Dieses genauere Gliedern führt uns dazu, zwischen dem zu unterscheiden, was wir als augenblickliche Vorstellung haben, indem wir mit der Welt umgehen, und dem, was wir als Erinnerung haben.

Wir gehen durch die Welt. Fortdauernd bilden wir uns Vorstellungen nach Maßgabe der Eindrücke, die wir von der Welt empfangen. Aber es bleibt uns die Möglichkeit, diese Eindrücke später wieder aus der Erinnerung heraufzuholen. Innerlich unterscheiden sich die Vorstellungen, die wir uns gegenwärtig im Umgang mit der Welt bilden, nicht von den Vorstellungen, die dann erregt werden, wenn die Erinnerung spielt. Das eine Mal kommen die Vorstellungen von außen, das andere Mal kommen sie von innen.

Es ist eine naive Vorstellung, wenn man sich denkt, dass das Gedächtnis so wirkt: Ich trete einem Ding oder einem Ereignis gegenüber, bilde mir eine Vorstellung, diese Vorstellung geht dann irgendwo in mich hinunter, in irgendeinen Kastenschrank, und wenn ich mich erinnere, nehme ich sie aus dem Schrank wieder heraus. Es gibt ganze Philosophien, die beschreiben, wie die Vorstellungen unter die Schwelle des Bewusstseins hinuntergehen, dann wieder herausgefischt werden bei der Erinnerung. Das sind naive Vorstellungen! Es ist kein solcher «Kasten» da, in dem die Vorstellungen liegen, wenn wir uns an sie erinnern. Es ist auch nichts in uns, wo sie spazieren gingen und wieder in den Kopf heraufspazierten, wenn wir uns erinnern. Das alles gibt es nicht. Das alles hat auch gar keine Erklärung für sich.

Der Tatbestand ist vielmehr der folgende. Wenn wir für unsere Erinnerung arbeiten wollen, dann arbeiten wir oft nicht bloß mit dem Vorstellen, sondern wir kommen uns mit ganz anderem zu Hilfe. Ich habe schon Leute memorieren gesehen, die haben sich möglichst wenig vorgestellt, aber sie haben äußerlich mit den Armen vehemente

Sprechbewegungen wieder und wieder ausgeführt: «Und es wallet und woget und brauset und zischt.» So memorieren viele und dabei wird möglichst wenig gedacht. Und damit noch eine andere Anregung da ist: «Und es wallet und woget und brauset und zischt» – wird mit den Fäusten vor die Stirn gehämmert. Das gibt es auch.

Es ist so: Die Vorstellungen, die wir uns bilden, wenn wir mit der Welt umgehen, verfliegen wie die Träume. Dagegen, was aus der Erinnerung heraufraucht, das sind nicht Vorstellungen, die hinuntergegangen sind, sondern das ist etwas anderes. Wenn wir uns davon eine Vorstellung bilden wollen, so müssten wir es so machen. Das ist natürlich nur eine Art sinnbildlicher Zeichnung (s. Tafel S. 170). Stellen wir uns den

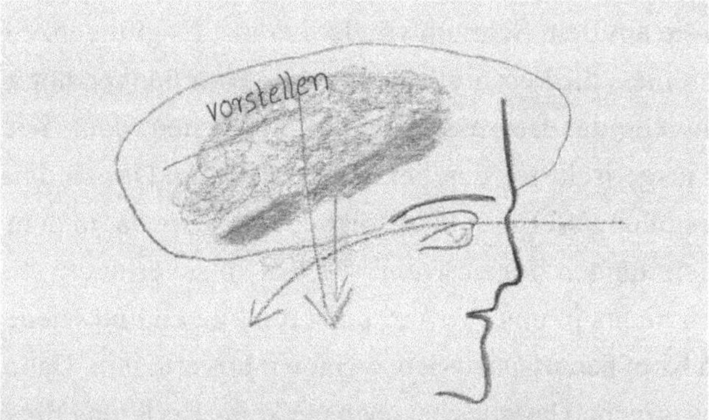

Menschen als sehendes Wesen vor. Er sieht etwas (Pfeil nach innen). Ich will den Vorgang nicht genauer beschreiben, das könnte auch sein, aber das brauchen wir jetzt nicht. Der Mensch sieht etwas, das geht durch sein Auge, durch den Sehnerv in die Organe, in die der Sehnerv dann übergeht.

Wir haben zwei deutlich voneinander unterschiedene Glieder unseres Gehirns: das mehr äußere Gehirn, die graue Masse, und darunter liegend die mehr weiße Masse. Die weiße Masse geht in die Sinnesorgane hinein. Die graue Masse liegt darüber, sie ist viel weniger entwickelt als die weiße Masse. Nur annähernd grau und weiß sind sie, aber grob betrachtet ist die Sache anatomisch so. Die Gegenstände machen auf uns einen Eindruck, sie gehen durch das Auge, gehen weiter zu Vorgängen in der weißen Masse des Gehirns.

Dagegen haben unsere Vorstellungen ihr Organ in der grauen Masse, die eine ganz andere Zellenbildung hat. Da drinnen flimmern die Vorstellungen und verschwinden dann wie die Träume. Sie flimmern, weil da unten das vor sich geht, was die Eindrücke sind. Wenn wir darauf angewiesen wären, dass die Vorstellungen «hinuntergehen» und wir in der Erinnerung sie wieder «heraufholen» sollten, dann würden wir uns an gar nichts erinnern, dann hätten wir überhaupt kein Gedächtnis.

Die Sache ist so: In diesem Augenblick sehen wir irgendetwas. Der Eindruck von diesem Irgendetwas geht in uns hinein, durch die weiße Gehirnmasse vermittelt. Die graue Gehirnmasse ihrerseits wirkt, indem sie von dem Eindruck träumt. Das Bild, das wir von dem Eindruck entwerfen, das geht vorüber. Das, was bleibt, das stellen wir gar nicht in diesem Augenblick vor, sondern das geht da unten in unsere Organisation hinein. Und wenn wir uns erinnern, so schauen wir dahinein. Da unten bleibt der Eindruck.

Wenn wir also etwas sehen, was blau ist, so geht von dem Blau ein Eindruck in uns hinein (s. Tafel S. 170, blaue Fläche). Hier oben bilden wir uns die Vorstellung von dem Blau, die geht vorüber. Nach drei Tagen beobachten wir in unserem Gehirn den Eindruck, der geblieben ist. Und wir stellen uns jetzt das Blau vor, indem wir nach innen schauen:

- Das erste Mal, wenn wir das Blau draußen *sehen,* werden wir von außen angeregt durch den Gegenstand, der blau ist;
- das zweite Mal, wenn wir uns *erinnern,* werden wir von innen angeregt, weil die Blauheit sich in uns abgebildet hat.

Der Vorgang ist in beiden Fällen derselbe. Es ist immer eine Wahrnehmung, die Erinnerung ist auch eine Wahrnehmung. Sodass unser Tagesbewusstsein im Vorstellen (oben links: «*Vorstellen*») sitzt, aber unter dem Vorstellen sind Vorgänge (blaue Fläche), die auch durch das Vorstellen heraufkommen, nämlich durch die Erinnerungsvorstellung. Unter dem Vorstellen liegt das «Vernehmen» (s. S. 148), das eigentliche Wahrnehmen, und erst unter diesem das Fühlen.

Sodass wir an der Hauptesorganisation, an der Denkorganisation, das Vorstellen und das Vernehmen genauer unterscheiden. Da haben wir, was wir wahrgenommen haben, und können uns daran erinnern. Aber es bleibt schon stark unbewusst, es kommt nur in der Erinnerung ins Bewusstsein herauf. Was da im Menschen vorgeht, das erlebt der Mensch schon nicht mehr. Wenn der Mensch wahrnimmt, erlebt er die Vorstellung. Die Wirkung der Wahrnehmung geht in ihn hinein. Er kann aus dieser Wirkung die Erinnerung wachrufen. Aber da beginnt schon das Unbewusste:

- Wo wir im wachen Tagesbewusstsein *vorstellen,* nur da sind wir selbst als *Mensch,* nur da haben wir uns als Menschen;
- wo wir mit unserem Bewusstsein nicht hinreichen – nicht einmal zu den Ursachen der *Erinnerung* reichen wir –, da haben wir uns nicht als Menschen, da sind wir in die *Welt* eingegliedert.

Im physischen Leben ist es so: Wir atmen ein. Die Luft, die wir jetzt in uns haben, war kurz vorher draußen, war Weltluft, jetzt ist sie unsere Luft. Nach kurzer Zeit übergeben wir sie wieder der Welt. Wir sind mit der Welt eins. Die Luft ist bald draußen, bald drinnen, bald draußen, bald drinnen. Wir wären nicht Mensch, wenn wir nicht so mit der Welt verbunden wären, dass wir nicht nur das haben, was innerhalb unserer Haut ist, sondern auch das, womit wir mit der ganzen Atmosphäre zusammenhängen.

Ebenso wie wir im Physischen mit der Welt zusammenhängen, so hängen wir in Bezug auf unser Seelisch-Geistiges mit dem zusammen, was wir die dritte Hierarchie nennen: mit Engeln, Erzengeln und Zeitgeistern. Das ist in dem Augenblick, wo wir ins nächste Unterbewusste herunterkommen, in die Region, aus der die Erinnerung aufsteigt. So wie wir durch unser Atmen mit der Luft zusammenhängen, hängen wir mit unserer Hauptesorganisation mit der dritten Hierarchie zusammen – das heißt, nur mit der unteren Hauptesorganisation. Diese ist mit dem oberen Gehirnlappen bedeckt, der einzig und allein der Erde angehört. Was darunter ist, das hängt mit der dritten Hierarchie zusammen, mit Engeln, Erzengeln und Zeitgeistern.

Gehen wir weiter hinunter in die Region, seelisch gesprochen, des Fühlens, körperlich gesprochen, der rhythmischen Organisation, aus der nur die Träume der Gefühle heraufkommen: Da haben wir uns erst recht nicht als Menschen. Da hängen wir mit dem zusammen, was die zweite Hierarchie ist, mit geistigen Wesen, die sich nicht in irgendeinen irdischen Leib verkörpern, sondern die in der geistigen Welt bleiben, die aber ihre Strömungen, ihre Impulse, das, was von ihnen als Kräfte ausgeht, unaufhörlich in die rhythmische Organisation des Menschen hineinsenden. Die Geister der Form, die Geister der Bewegung und die Geister der Weisheit sind die Wesen, die wir in unserer Brust tragen.

Geradeso wie wir unser Menschen-Ich nur in dem oberen Lappen unseres Gehirns tragen, tragen wir Engel, Erzengel und Zeitgeister unmittelbar darunter, noch in unserer Hauptesorganisation (s. Tafel S. 171). Da ist der Schauplatz ihres Wirkens auf der Erde, da sind die Angriffspunkte ihrer Tätigkeit. In unserer Brust tragen wir die zweite Hierarchie, die Geister der Form, die Geister der Bewegung und die Geister der Weisheit. Da, in unserer Brust, sind die Angriffspunkte ihrer Tätigkeit. Und gehen wir in unsere motorische Sphäre, gehen wir in unseren Bewegungsorganismus, so wirken in diesem die Wesen der ersten Hierarchie, die Seraphim, die Cherubim und die Throne.

In unseren Gliedmaßen zirkulieren die umgewandelten Nahrungsstoffe und machen dort einen Prozess durch, der ein lebendiger Verbrennungsprozess ist. Wenn wir einen Schritt machen, so entsteht in uns eine lebendige Verbrennung dessen, was außen ist, wir stehen damit in Verbindung. Mit dem Niedrigsten, mit unserem Gliedmaßen-Stoffwechselorganismus, stehen wir als Mensch mit dem Höchsten in Verbindung, mit der ersten Hierarchie, mit den Seraphim, den Cherubim und den Thronen. Wir stehen mit ihnen in Verbindung durch das, was uns durchgeistigt.

Da entsteht die große Frage – es sieht trivial aus, indem wir diese Frage in irdische Worte kleiden, aber wir müssen es tun –: Womit beschäftigen sich, indem sie in uns sind, diese Wesen der drei aufeinanderfolgenden Hierarchien?

Die dritte Hierarchie, Engel, Erzengel und Zeitgeister, beschäftigt sich mit dem, was die physische Organisation im Haupt hat, sie beschäftigt sich mit unserem Denken. Würde sie sich nicht mit unserem Denken beschäftigen, mit dem, was in unserem Haupt vor sich geht, dann hätten wir im gewöhnlichen Leben keine Erinnerung. Die Wesen dieser Hierarchie halten in uns die Impulse, die wir mit den Wahrnehmungen empfangen. Sie liegen der Tätigkeit zugrunde, die in unserem Erinnern, die im Gedächtnis sich offenbart. Sie führen uns durch das Leben hindurch im ersten Gebiet, das wir als unterbewusstes, als unbewusstes Gebiet haben.

Gehen wir zu den Wesen der zweiten Hierarchie, zu den Geistern der Form, der Bewegung und der Weisheit: Wir treffen sie, diese Wesen, wenn wir durch die Pforte des Todes gegangen sind, in dem Leben zwischen dem Tod und einer neuen Geburt. Da treffen wir die Seelen der abgeschiedenen Menschen, die mit uns auf der Erde gelebt ha-

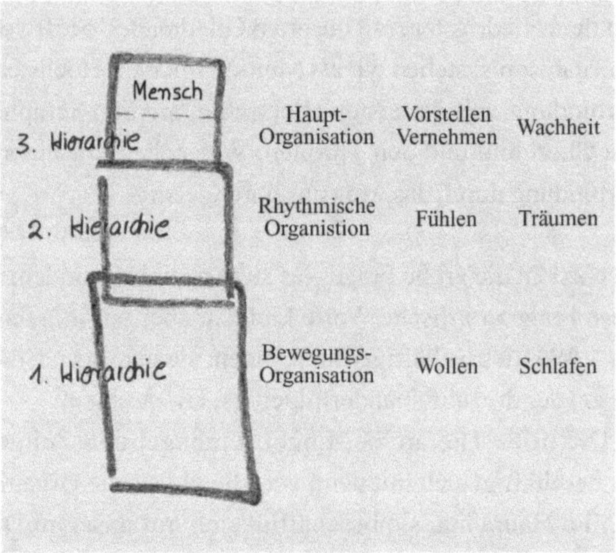

ben, aber wir treffen vor allen Dingen die geistigen Wesen dieser zweiten Hierarchie – auch die dritte Hierarchie, aber wichtiger ist die zweite Hierarchie. Mit ihnen zusammen arbeiten wir in der Zeit zwischen dem Tod und einer neuen Geburt an all dem, was wir im irdischen Leben «gefühlt» haben, was wir da in unsere Organisation hineinversetzt haben. Wir arbeiten im Verein mit den Wesen dieser zweiten Hierarchie das nächste Leben aus.

Wenn wir hier auf der Erde stehen, haben wir das Gefühl: Die Wesen der geistigen Welt sind über uns. Wenn wir drüben sind, in der Sphäre zwischen dem Tod und einer neuen Geburt, haben wir die umgekehrte Vorstellung. Die Engel, Erzengel und Zeitgeister, die uns durch das Leben auf die angedeutete Art führen, die leben nach dem Tod mit uns, gewissermaßen auf demselben Niveau. Unmittelbar «darunter» sind die Wesen der zweiten Hierarchie. Mit denen arbeiten wir an der Formung, an der Gestaltung unseres inneren Karmas. Was wir gestern über das Karma der Gesundheit und der Krankheit gesagt haben, das arbeiten wir mit diesen Wesen aus, mit den Wesen der zweiten Hierarchie. Und wenn wir in der Zeit zwischen Tod und neuer Geburt noch «tiefer» schauen, also durch die Wesen der zweiten Hierarchie hindurchschauen, dann entdecken wir unten die Wesen der ersten Hierarchie, die Seraphim, Cherubim und Throne.

Das höchste Göttliche suchen wir als Erdmenschen droben. Die höchsten Götter, die uns zunächst erreichbar sind, suchen wir als Menschen zwischen Tod und neuer Geburt zutiefst unten. Und während wir zwischen dem Tod und einer neuen Geburt mit den Wesen der zweiten Hierarchie das innere Karma ausarbeiten, das dann im Abbild im gesunden oder kranken Zustand des nächsten Lebens erscheint, während wir das erarbeiten, während wir in dieser Arbeit drinstecken, während wir also bei uns und den anderen Menschen an den Leibern arbeiten, die dann im nächsten Leben erscheinen, betätigen sich unten die Wesen der ersten Hierarchie in einer eigentümlichen Weise.

Sie stehen in Bezug auf ihre Tätigkeit, in Bezug auf einen kleinen Teil ihrer Tätigkeit, in einer «Notwendigkeit» drinnen. Sie sind die Schöpfer des Irdischen und müssen das nachbilden, was der Mensch im Erdleben ausgestaltet hat, aber sie müssen es in einer ganz bestimmten Weise nachbilden. Der Mensch vollbringt im Leben in seinem Wollen bestimmte Taten – das gehört der ersten Hierarchie an. Diese Taten sind gut oder böse, weise oder töricht. Die Wesen der ersten Hierarchie müssen in ihrer eigenen Sphäre die Gegenbilder ausgestalten.

Wir leben miteinander. Ob das gut oder böse ist, was wir miteinander treiben – für alles Gute und für alles Böse müssen die Wesen der ersten Hierarchie die Gegenbilder ausgestalten. Alles wird von der ersten Hierarchie beurteilt, aber auch ausgestaltet. Und während wir mit der zweiten Hierarchie und mit den abgeschiedenen Menschenseelen an dem inneren Karma arbeiten, schauen wir zwischen dem Tod und einer neuen Geburt das, was Seraphim, Cherubim und Throne an unseren irdischen Taten erlebt haben.

Ja, meine lieben Freunde, hier auf der Erde wölbt sich über uns der blaue Himmel mit seinen Wolkengebilden, mit dem Sonnenschein. Es wölbt sich der Sternenhimmel in nächtlicher Zeit über uns. Zwischen dem Tod und einer neuen Geburt wölbt sich unter uns das Tun der Seraphim, Cherubim und Throne. Auf diese Seraphim, Cherubim und Throne schauen wir hinunter, wie wir hier hinaufschauen zu den Wolken, zum blauen Himmel, zum sternenbesäten Himmel. Wir sehen da unter uns den «Himmel», gebildet aus der Tätigkeit der Seraphim, der Cherubim und der Throne. Aber was ist das für eine Tätigkeit?

Indem wir zwischen Tod und neuer Geburt sind, sehen wir an den Seraphim, Cherubim und Thronen die Tätigkeit, die sich aus unseren eigenen und den mit anderen Menschen erlebten Erdtaten als die gerechte, ausgleichende Tätigkeit ergibt. Die Götter müssen die ausgleichende Tätigkeit üben, und wir schauen auf sie als auf unseren Himmel, der jetzt unten ist. Wir schauen die Folgen unserer irdischen Taten – ob irgendetwas gut oder böse, weise oder töricht ist – in den Taten der Götter. Wir verhalten uns zu dem Spiegelbild unserer Taten zwischen dem Tod und einer neuen Geburt, indem wir hinunterschauen, wie wir uns hier im Erdleben zu dem über uns sich wölbenden Himmel hinaufschauen:

- Unser inneres Karma tragen wir in unsere *innere Organisation* hinein, wir bringen es mit auf die Erde als unsere Fähigkeiten, unsere Talente, unser Genie, unsere Torheit;
- was die Götter da unten formen, was sie infolge unserer Erdleben erleben müssen, das tritt uns im nächsten Leben als die *Schicksalstatsachen* entgegen, die *von außen* an uns herankommen.

Was wir in unserem Leben verschlafen, das trägt uns als unser Schicksal. Aber in dem drinnen lebt das, was die Götter der ersten Hierarchie in der Zeit zwischen unserem Tod und einer neuen Geburt als die Folgen unserer Taten bei sich erleben mussten. Man hat immer das Bedürfnis, solche Dinge in Bildern auszusprechen:

> Wir stehen irgendwo in der physischen Welt. Der Himmel ist bedeckt. Wir sehen den bedeckten Himmel. Gleich darauf rieselt Regen herunter, Regen fällt herunter. Was noch über uns geschwebt hat, wir

sehen es gleich danach auf den berieselten Feldern, auf den berieselten Bäumen.

Schauen wir mit dem Blick des Eingeweihten vom menschlichen Leben aus zurück in die Zeit, die wir durchgemacht haben, bevor wir ins Erdleben heruntergestiegen sind, in die Zeit, die wir durchgemacht haben zwischen dem letzten Tod und der letzten Geburt, so sehen wir darin das Formen von Göttertaten als Folge unserer Taten im letzten Leben. Dann sehen wir, wie das geistig «herunterrieselt» und unser Schicksal wird.

Ob wir einen Menschen treffen, der für uns Bedeutung hat im Leben, der für uns schicksalsbestimmend ist – was mit diesem Treffen des anderen Menschen geschieht, das haben die Götter als das Ergebnis dessen vorgelebt, was wir mit diesem Menschen in einem vorigen Leben gemacht haben.

Ob wir während unseres Erdlebens in eine Gegend versetzt werden, die für uns wichtig ist, in einen Beruf, der für uns wichtig ist: All das, was da als äußeres Schicksal an uns herantritt, ist das Abbild dessen, was die Götter der ersten Hierarchie als die Folgen unseres früheren Lebens erlebt haben in der Zeit, in der wir selbst zwischen dem Tod und einer neuen Geburt gestanden haben.

Wenn man abstrakt denkt, so denkt man: Da sind die früheren Erdleben, die Taten der früheren Leben wirken herüber. Damals waren sie Ursachen, jetzt sind sie Wirkungen. Man kann sich aber dabei nicht viel denken, man hat nicht viel mehr als Worte, wenn man das so ausspricht. Aber hinter dem, was wir als das Gesetz des Karmas schildern, liegen Göttertaten, Göttererlebnisse. Hinter alldem liegt etwas anderes.

Wenn wir Menschen nur der Empfindung nach an unser Schicksal herantreten, so schauen wir, je nach unserem Bekenntnis, zu «Gott» oder zu irgendeiner «Vorsehung» hinauf und fühlen den Verlauf unseres Lebens davon abhängig. Aber die göttlichen Geister – gerade diejenigen, die wir als die Wesen der ersten Hierarchie erkennen, die Seraphim, die Cherubim und die Throne –, sie haben ein umgekehrtes religiöses Bekenntnis. Sie empfinden ihre Notwendigkeit bei den Menschen auf der Erde, deren Schöpfer sie sind. Die Verirrungen und die Fährnisse, in welche die Menschen kommen, müssen von den göttlichen Geistern ausgeglichen werden. Und das, was diese Geister dann wiederum für das spätere Leben für uns als unser Schicksal zubereiten, das haben sie uns erst vorgelebt.

Diese Dinge müssen wieder durch Geisteswissenschaft gefunden werden. Aus einem nicht voll entwickelten Bewusstsein heraus war das einst im instinktiven Hellsehen der Menschheit offenbar. Die alte Weisheit hatte solche Dinge in sich. Dann blieb davon nur ein dunkles Fühlen. Und in manchem, was uns im Geistesleben der Menschheit entgegentritt, ist noch ein dunkles Fühlen von diesen Dingen da. Erinnern wir uns nur an den Vers des Angelus Silesius, der sich auch in meinen Schriften findet, der für ein eingeschränktes religiöses Bewusstsein wie eine Frechheit aussieht:

Ich weiß, daß ohne mich
Gott nicht ein Nu kann leben.
Werd' ich zunicht, er müßt'
von Not den Geist aufgeben.

Angelus Silesius ist zum Katholizismus übergetreten und hat als Katholik solche Sprüche geschrieben. Er war sich noch klar darüber, dass die Götter von der Welt abhängig sind, wie die Welt von den Göttern, dass die Abhängigkeit eine wechselseitige ist und dass die Götter ihr Leben nach dem Leben der Menschen richten müssen.

Aber das göttliche Leben wirkt schöpferisch, wirkt sich im Schicksal der Menschen schöpferisch aus. Das dunkel fühlend, es nicht genau wissend, hat Angelus Silesius gesagt:

Ich weiß, daß ohne mich
Gott nicht ein Nu kann leben.
Werd' ich zunicht, er müßt'
von Not den Geist aufgeben.

Welt und Gott sind voneinander abhängig, sie wirken ineinander. Heute haben wir dieses Ineinanderwirken am Beispiel des menschlichen Karmas gesehen. Wir mussten diese Betrachtung in die Karmabetrachtungen einfügen.[7]

---

7 Der Vortrag endet mit dem Hinweis: «Wir fahren dann am nächsten Samstag um 8 Uhr in der Karmabetrachtung fort. Samstag und Sonntag sind dann die nächsten Vorträge für die Anthroposophische Gesellschaft. Am nächsten Sonntag um 17 Uhr ist wieder eine Eurythmieaufführung.»

zum Leben. Ich gebe den Aetherleib ab nach dem Tode. Ich gebe ihn als etwas ab, das übrig bleibt. Sie, die Pflanzen, erhalten diesen Aetherleib als dasjenige, was ihnen das Leben gibt. Sie haben ihren Anfang von dem, wohin ich mit meinem Ende gelange. Der Pflanzenanfang gliedert sich zusammen mit des menschlichen Aetherleibes Ende.

Dies legt Ihnen die Frage nahe: könnte es denn vielleicht auch so sein, dass ich beim Mineral, bei den mannigfaltigst gestalteten Kristallen fragen könnte: ist vielleicht auch das ein Anfang gegenüber dem, was ich als physischen Leichnam, als Ende von mir hinterlasse? Gliedert sich vielleicht da Anfang und Ende zusammen?

Nun, mit dieser Frage wollen wir heute schliessen, meine lieben Freunde, und morgen anfangen, um recht gründlich einmal in die Frage des menschlichen Schicksals, des sogenannten Karmas, hineinzukommen. Ich werde also morgen in dem Vortrage über das Karma weitersprechen. Sie werden sich dann nicht mehr durch solches Gestrüpp von Abstraktionen durchzufinden haben, aber Sie werden auch einsehen, dass dies schon für eine gewisse Entwickelung des Denkens notwendig war.

Ich habe noch anzukündigen, ausserdem, dass morgen um 8 Uhr der nächste Vortrag sein wird, dass morgen um 5 Uhr eine eurythmische Darstellung hier sein wird, und zwar kann ich Ihnen verkündigen, dass morgen eine ganze Anzahl von wunderschönen Novitäten aufgeführt wird, sodass Sie also morgen nicht, ja, wie soll ich sagen? gelangweilt kann ich doch nicht sagen, sondern dass Sie morgen nicht aufzugehen brauchen im Ansehen von Wiederholungen, sondern durchaus sich hingeben können dem Sehen von Neuem, wenn Sie zur eurythmischen Vorstellung kommen!

- - - - - - - - - - -

Zu dieser Ausgabe

Der Text der Vorträge geht auf die Klartextnachschriften der Stenografin Helene Finckh zurück (s. das Faksimile der ersten und letzten Seite vom 1. Vortrag – S. 172 u. 155). Sie stand damals auf der Höhe ihrer Kunst und ihre Stenogrammwiedergabe darf als getreu gelten. Zu dieser Treue gibt es allerdings eine Ausnahme, die nicht ohne Bedeutung ist. Es ist die Tendenz – auch in unzähligen anderen Nachschriften erkennbar –, Rudolf Steiners «wir» dort in «Sie» zu ändern, wo man den Eingeweihten nicht in einen Topf mit dem «normalen» Menschen werfen will.

Die erste Veröffentlichung der ersten drei Vorträge wurde 1927 in gekürzter Fassung in der Zeitschrift *Individualität,* Zweimonatsschrift für Philosophie und Kunst (2. Jg., Heft 1-2), «Sonderheft Reinkarnation» herausgegeben. Alle sechs Vorträge wurden zum ersten Mal 1933 in *Esoterische Betrachtungen karmischer Zusammenhänge* von Marie Steiner herausgegeben. In der Rudolf Steiner Gesamtausgabe (GA) sind sie im Band 235 – Rudolf Steiner, *Esoterische Betrachtungen karmischer Zusammenhänge,* Band 1 – enthalten.

Betreffs der Tafelzeichnungen vgl. Rudolf Steiner, *Wandtafelzeichnungen zum Vortragswerk,* XVI, S. 10-21. Nachzeichnungen, Inhaltsangaben und Titel stammen von Herausgeber und Redakteur. Alle Textunterlagen, die den *Rudolf Steiner Ausgaben* vorliegen, findet der Leser auf der Webseite des Verlages faksimiliert wiedergegeben.

Fachausdrücke der Geisteswissenschaft

Entwicklung von Erde und Mensch

7 planetarische Zustände der Erde:	1. Saturn-, 2. Sonnen-, 3. Monderde, 4. Erde (jetziger Planet), 5. Jupiter-, 6. Venus-, 7. Vulkanerde
7 geologische Zeiten der jetzigen Erde:	1. Polarische, 2. hyperboreische, 3. lemurische Erdenzeit 4. atlantische Erdenzeit 5. nachatlantische (die jetzige), 6., 7. Erdenzeit
7 Kulturperioden der «nachatlantischen» Zeit (je 2160 Jahre):	1. Indische, 2. persische, 3. ägypt.-chaldäische Kulturper.; 4. griech.-römische Kulturperiode (747 v.–1413 n.Chr.); 5. (unsere) Kulturper. (1413–3573 n.Chr.); 6. u. 7. Kulturper.

Das Wesen des Menschen

3 Körper-Hüllen:	1. Physischer Körper 2. Ätherischer Körper, Ätherleib, Bildekräfteleib 3. Astralischer Körper, Astralleib, Empfindungsleib
3 Seelen-Kräfte:	1. Empfindungsseele 2. Gemüts- oder Verstandesseele 3. Bewusstseinsseele
3 Geistes-Glieder:	1. Geistselbst (höheres Ich) 2. Lebensgeist 3. Geistesmensch
Aus 9 wird 7:	1. Physischer Leib, 2. Ätherleib, 3. Astralleib, 4. Ich, 5. Geistselbst, 6. Lebensgeist, 7. Geistesmensch

Dreiheit in Mensch und Welt

Geistige Wesen:	«Luzifer»	«Christus»	«Ahriman»
Evangelium:	Diabolos	Streben nach Gleichgewicht	Satanas
Geistig:	Spiritualismus		Materialismus
Seelisch:	Schwärmerei		Pedanterie
Physisch:	Entzündung		Sklerose
Moralisch:	hemmend	fördernd	hemmend

Naturelemente

Ätherwelt:	Wärmeäther	Lichtäther	Ton-/Zahlenäther	Lebensäther
Phys. Welt:	Wärme	Luft	Wasser	Erde
Unternatur:	Schwerkraft	Elektrizität	Magnetismus	Atomkraft
Naturgeister:	Salamander	Sylphen	Undinen	Gnomen

Stufen der Einweihung

1. Imagination:	Bilder sehen – in der Akasha-Chronik (Ätherwelt)
2. Inspiration:	Worte hören – in der Seelenwelt (Astralwelt)
3. Intuition:	Wesen erkennen – in der geistigen Welt (Devachan)

Engel-Hierarchien

		Griechisch (Dionysios)	**Lateinisch** (Thomas v. Aq.)	**Deutsch** (Martin Luther)	**Geisteswissenschaft** (Rudolf Steiner)
1. Hierarchie	9.	Seraphim	Seraphim	Seraphim	Seraphim Geister der Liebe
	8.	Cherubim	Cherubim	Cherubim	Cherubim G. der Harmonien
	7.	Thronoi (Θρόνοι)	Throni	Throne	Throne G. des Willens
2. Hierarchie	6.	Kyriotetes (Κυριότητες)	Dominationes	Herrschaften	Geister der Weisheit
	5.	Dynamis (Δυνάμεις)	Virtutes	Mächte	G. der Bewegung
	4.	Exousiai (Ἐξουσίαι)	Potestates	Gewalten	Geister der Form
3. Hierarchie	3.	Archai (Ἀρχαί)	Principatus	Furstentumer	Archai Zeitgeister G.d.Persönlichkeit
	2.	Archangeloi (Ἀρχάγγελοι)	Archangeli	Erzengel	Erzengel Volksgeister Feuergeister
	1.	Angeloi (Ἄγγελοι)	Angeli	Engel (Schutzengel)	Engel Schutzengel G. des Zwielichts Söhne des Lebens

Unterste Hierarchiestufe: Der Mensch

Rudolf Steiner (1861-1925) ergänzt die moderne Naturwissenschaft durch eine umfassende Geisteswissenschaft, die Anthroposophie, die in der heutigen Kultur eine einzigartige Herausforderung zur Überwindung des Materialismus ist, der die Menschheit in den Untergang zu führen droht.

Die Anthroposophie hat ihre Fruchtbarkeit vor allem in der Erneuerung verschiedener Lebensbereiche gezeigt: der Erziehung, der Medizin, der Kunst, der Landwirtschaft. Der Wahrheitsgehalt der Geisteswissenschaft lag Rudolf Steiner ganz besonders am Herzen, weil er in ihm den Inspirations- und Kraftquell für alle äußere Tätigkeit sah.

Von den Vorträgen Rudolf Steiners sind Klartextübertragungen und Nachschriften unterschiedlicher Qualität erhalten. Die Vorträge lagen bis vor Kurzem überwiegend in einer stark bearbeiteten Fassung vor. Die ursprünglichen Klartextübertragungen, die zu Beginn des 21. Jahrhunderts der Öffentlichkeit zugänglich gemacht worden sind, machen es möglich, dem von Rudolf Steiner gesprochenen Wort näherzukommen.

Zum 1. Vortrag (16.2.1924)

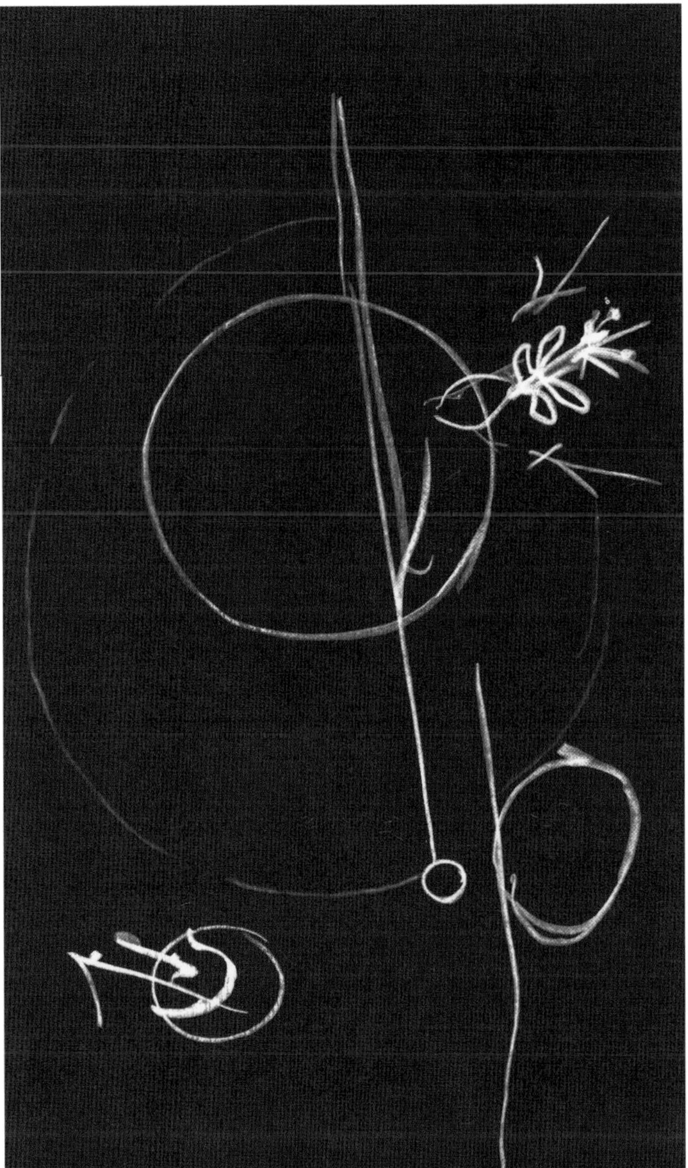

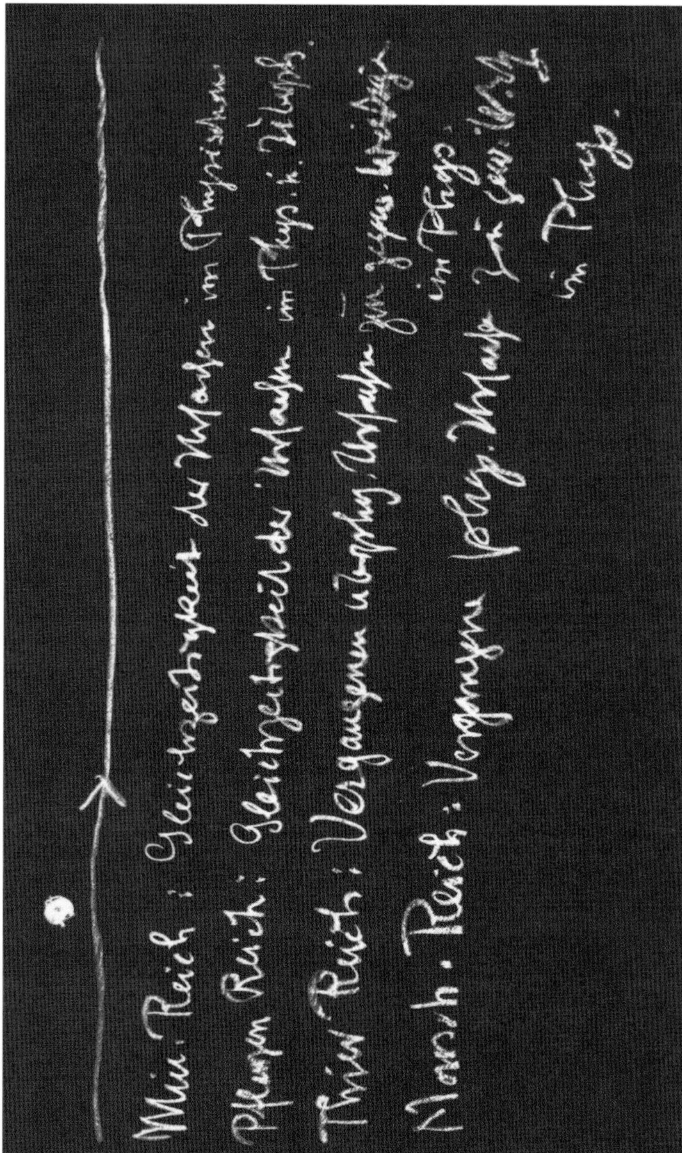

Zum 1. Vortrag (16.2.1924)

20 gr
20 : 1500

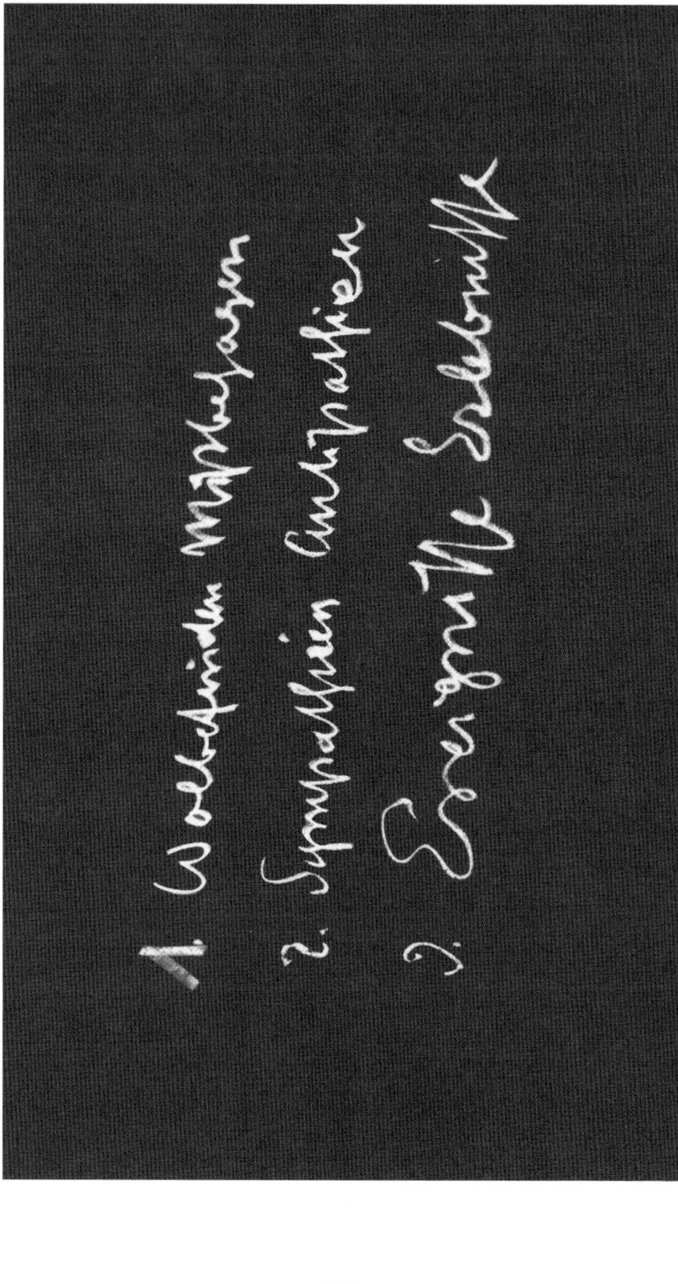

Zum 2. Vortrag (17.2.1924)

Zum 3. Vortrag (23.2.1924)

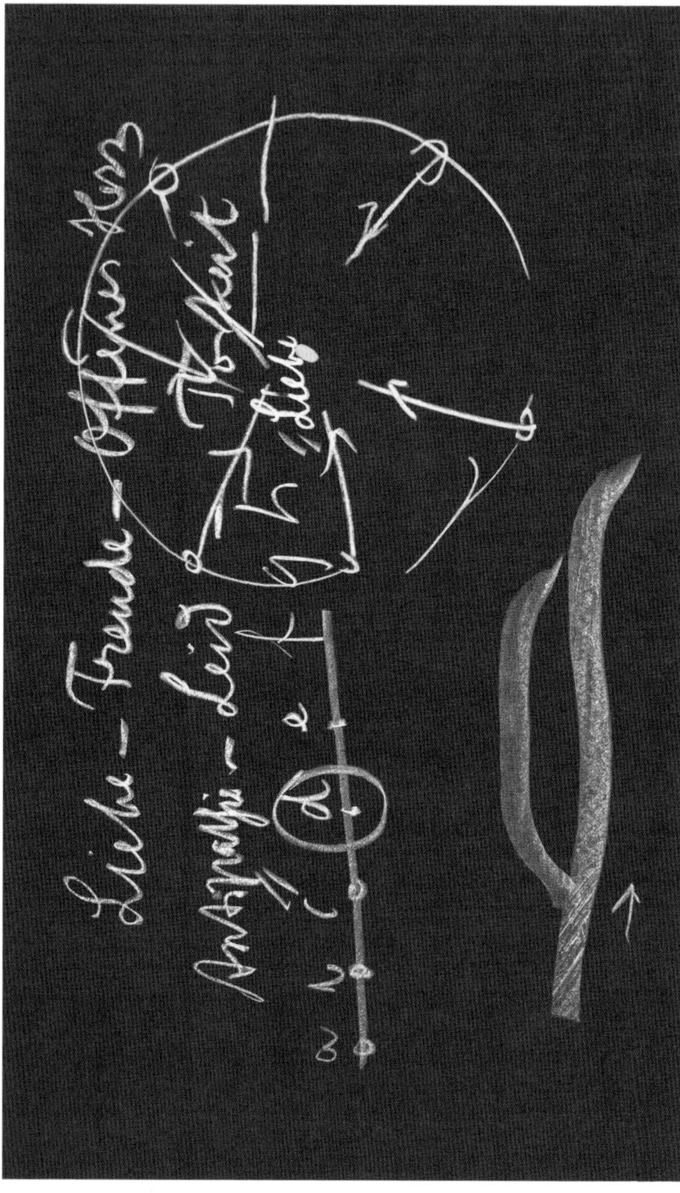

Zum 4. Vortrag (24.2.1924)

Zum 4. Vortrag (24.2.1924)

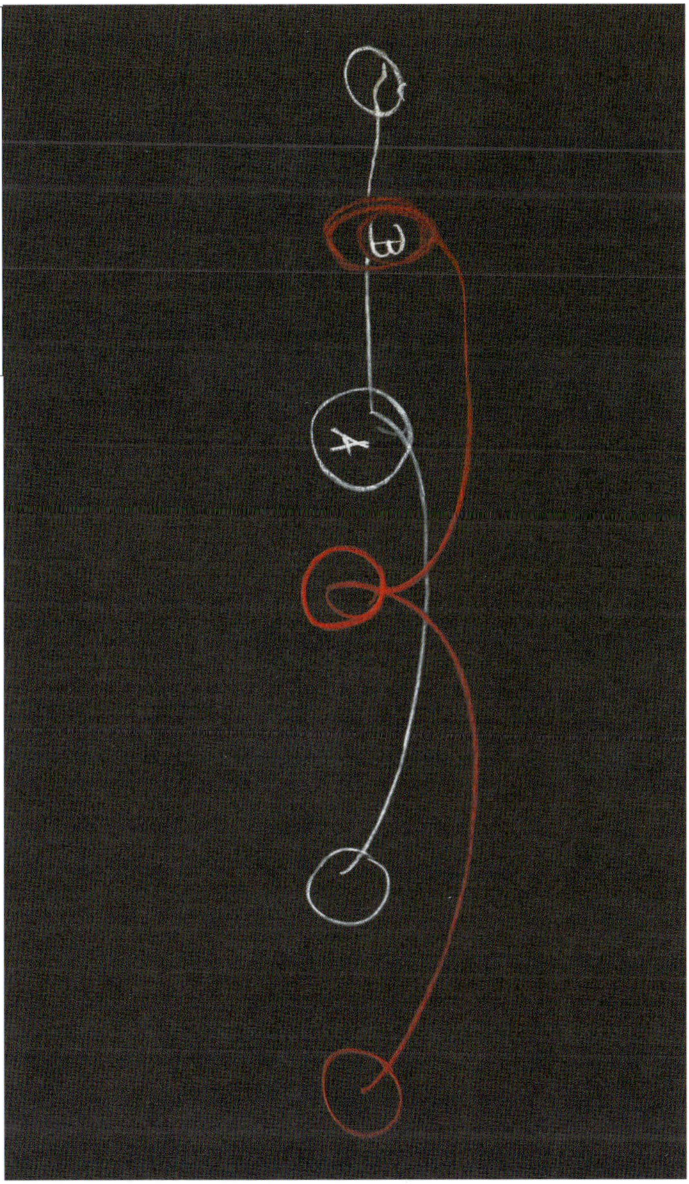

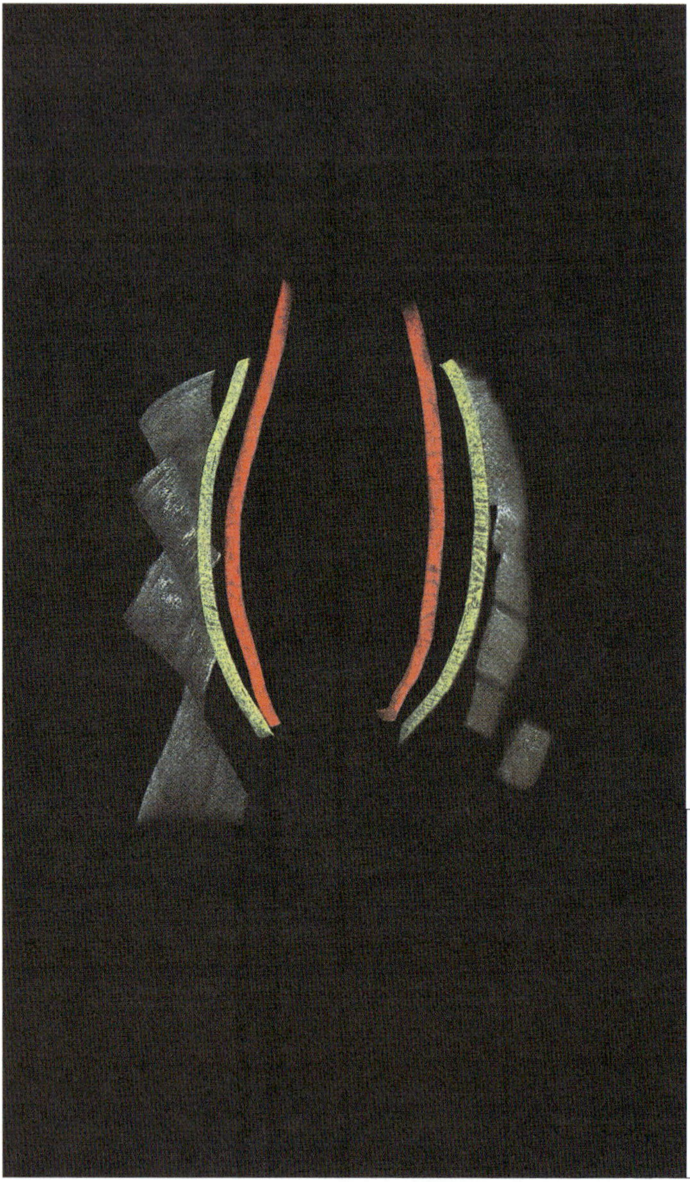

Zum 5. Vortrag (1.3.1924)

Zum 5. Vortrag (1.3.1924)

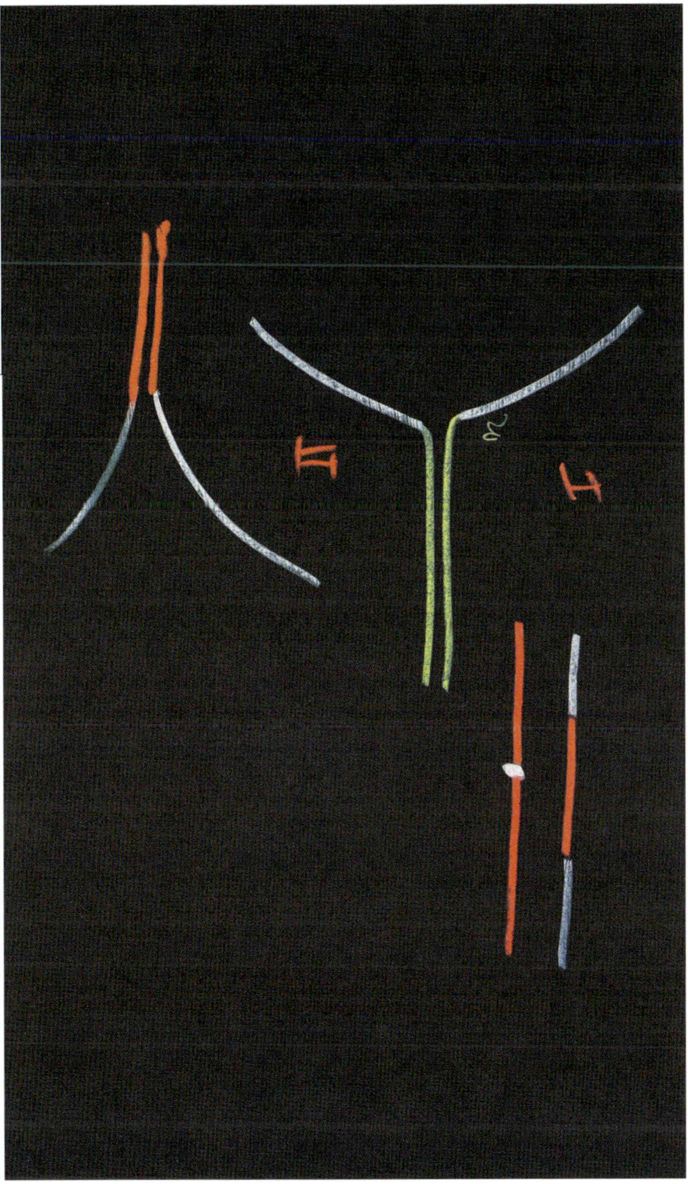

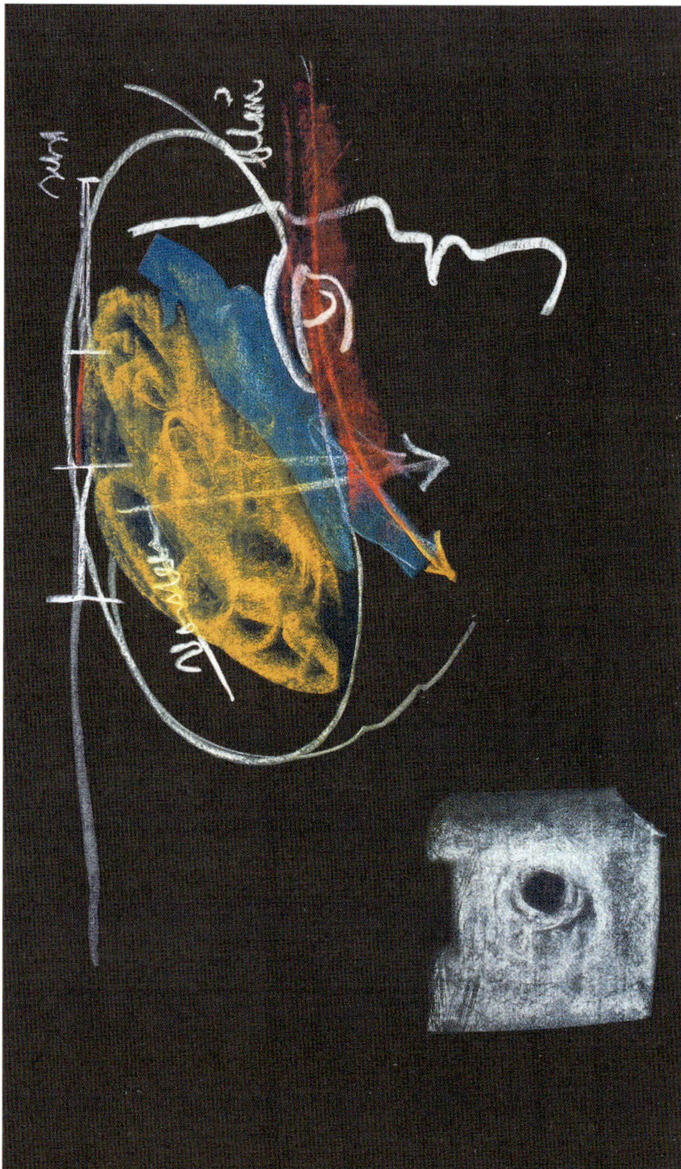

Zum 6. Vortrag (2.3.1924)

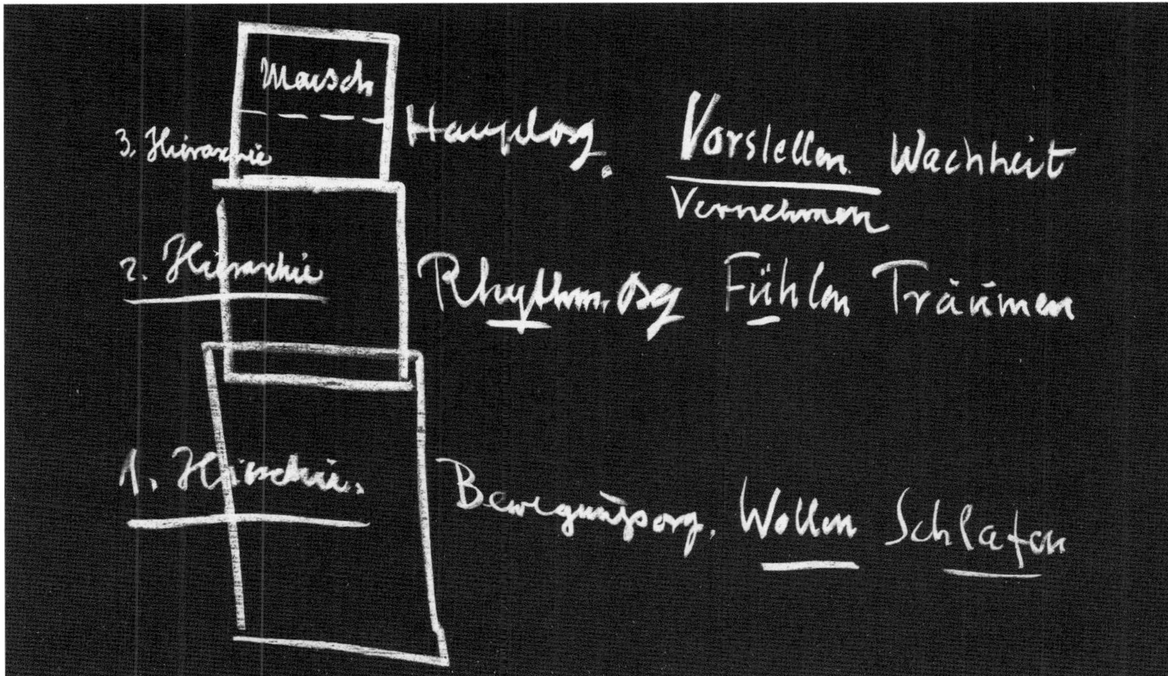

Zum 6. Vortrag (2.3.1924)

Klartextnachschrift H. Finckh, 1. Vortrag, erste Seite

Manuskript.
Nicht durchgesehen.
Für die Angehörigen der Allgemeinen Anthroposophischen Gesellschaft. –

Vervielfältigen, Abschreiben, Weitergeben nicht gestattet.

V o r t r a g

von

Dr. R u d o l f S t e i n e r

gehalten am 16. Februar 1924 in D o r n a c h .

– – – – – –

Meine lieben Freunde!

Ich möchte nun beginnen, zu Ihnen über die Bedingungen und Gesetze des menschlichen Schicksals zu sprechen, das man ja gewohnt worden ist, das Karma zu nennen. Dieses Karma ist aber nur zu verstehen, zu durchschauen, wenn man sich einlässt zunächst, die verschiedenen Arten der Weltgesetzmässigkeit überhaupt erkennen zu lernen. Und so möchte ich denn heute vielleicht – es ist das notwendig – in einer etwas ab-~~xxxxxxxx~~ strakteren Form über die verschiedenen Arten der Weltgesetzmässigkeit zu Ihnen sprechen, um dann die besondere Form, die als menschliches Schicksal angesprochen werden kann, als Karma angesprochen werden kann, gewissermassen heraus zu kristallisieren.

Wir sprechen, wenn wir sowohl die Erscheinungen der Welt umfassen wollen, wie auch, wenn wir die Erscheinungen im Menschenleben selber ins Auge fassen wollen, wir sprechen von Ursachen und Wirkungen. Und